教育部人文社会科学研究规划基金一般项目资助出版(项目号：18YJC890036)

国｜研｜文｜库

政府购买中小学生课外锻炼服务制度研究

唐立慧 —— 著

光明日报出版社

图书在版编目（CIP）数据

政府购买中小学生课外锻炼服务制度研究 ／ 唐立慧
著 . --北京：光明日报出版社，2021.7
ISBN 978 - 7 - 5194 - 6172 - 0

Ⅰ. ①政… Ⅱ. ①唐… Ⅲ. ①中小学生—课外活动—
研究 Ⅳ. ①G632. 428

中国版本图书馆 CIP 数据核字（2021）第 125346 号

政府购买中小学生课外锻炼服务制度研究
ZHENGFU GOUMAI ZHONGXIAOXUESHENG KEWAI DUANLIAN FUWU
ZHIDU YANJIU

著　者：唐立慧			
责任编辑：刘兴华		责任校对：刘浩平	
封面设计：中联华文		责任印制：曹　净	

出版发行：光明日报出版社
地　　址：北京市西城区永安路 106 号，100050
电　　话：010 - 63169890（咨询），010 - 63131930（邮购）
传　　真：010 - 63131930
网　　址：http：//book. gmw. cn
E - mail：liuxinghua@ gmw. cn
法律顾问：北京德恒律师事务所龚柳方律师

印　　刷：三河市华东印刷有限公司
装　　订：三河市华东印刷有限公司
本书如有破损、缺页、装订错误，请与本社联系调换，电话：010 - 63131930

开　　本：170mm × 240mm
字　　数：228 千字　　　　　　印　　张：16
版　　次：2021 年 7 月第 1 版　　印　　次：2021 年 7 月第 1 次印刷
书　　号：ISBN 978 - 7 - 5194 - 6172 - 0
定　　价：95. 00 元

目　录
CONTENTS

第一章

导　论

第一节　问题提出

近年来，我国广大青少年学生体育活动问题日益引起党和国家的高度重视。2013 年党的十八届三中全会《关于全面深化改革若干重大问题的决定》首次明确提出"强化体育课和青少年课外锻炼，促进青少年身心健康、体魄强健"的要求。2014 年 10 月，国务院《关于加快发展体育产业促进体育消费的若干意见》进一步提出实施学生课外体育活动计划，确保学生校内每天体育活动时间不少于一小时。2016 年 4 月，国务院办公厅《关于强化学校体育促进学生身心健康全面发展的意见》要求健全学生课外锻炼制度，切实保证学生每天一小时校园体育活动落到实处。党的十九大报告绘出我国体育强国建设的宏伟蓝图，明确要求广泛开展全民健身活动，加快推进体育强国建设。习近平总书记指出"少年强中国强，体育强中国强"，号召全国广大青少年积极投身体育锻炼，做到德、智、体、美、劳全面发展，成为建设祖国的栋梁之材。2017 年 12 月，国家体育总局、教育部、发展和改革委员会等 7 部委联合发布《青少年体育活动促进计划》，再次将开展青少年体育活动推到新高度。可见，青少年体育活动已成为谋篇布局青少年体育发展的重要一环。

当前，我国青少年体育有了长足发展，青少年体育活动广泛开展。然而，青少年体育尚未真正引起社会各界重视，学校、家长、学生本人，对体育的功能和重要性的认识还不到位，重文化学习、轻体育锻炼的现象依然普遍。学生身体素质呈现持续下降趋势，视力不良检出率居高不下并呈现低龄化倾向、肥胖检出率持续上升等问题较为突出，青少年身体素质不断下降的趋势还未得到根本性扭转①。"学校体育是学校教育的短板"，作为开展青少年体育活动主阵地的中小学，普遍存在着师资短缺、场地紧张等共性问题②，导致学生课外锻炼形同虚设，学生无处可去、无人指导的问题尤为突出。

尽管十八大以来，《国务院办公厅关于政府向社会力量购买服务的指导意见》等重要政策法规相继出台，体育总局《体育发展"十三五"规划》也要求积极推动政府购买青少年体育公共服务。但是，由于缺少相应的制度设计，仅靠现有政策法规，还不足以规范指导各地普遍实施政府购买学生课外锻炼服务。只有极少数城市尝试实施了购买学生课外锻炼服务的举措，但从全国范围讲，还不足以形成一项完善的政府购买学生课外锻炼服务制度。当前，关于政府购买青少年课外锻炼服务制度的研究也几近空白。基于此，设计合理的政府购买青少年课外锻炼服务制度业已成为一项刻不容缓的重要课题。

第二节　研究对象与方法

一、研究对象

本书研究对象是政府购买中小学生课外锻炼服务制度。中小学生课外锻炼指的是除体育课以外开展的身体活动行为，包括学生课后体育活动、社区体育活动、冬夏令营等。

---

① 刘扶民. 新时代新体育当有新作为［N］. 中国教育报，2018 – 02 – 24.
② 王登峰. 2018 年中小学开齐开足美育课，师资短缺仍是问题［N］. 中国教育报，2016 – 04 – 07.

二、研究方法

（一）文献资料法

在中国知网、万方数据以"课外锻炼服务""政府购买""中小学生需求"等作为检索词检索到了 1995—2019 年发表的核心期刊论文 100 余篇及博士、硕士论文 40 余篇。通过文献对研究设计、概念界定、观点论证等提供了理论依据。

（二）问卷调查法

本课题采用问卷调查的方法来收集政府购买中小学生课外锻炼服务的情况，基于国内外文献的研究以及对当前政府购买中小学生课外锻炼服务情况的了解，完成了初步的调查问卷的设计。在权威专家进行讨论修改后，形成了当前的最终调查问卷。问卷调查法是实证研究的重要组成部分，为了准确把握政府购买中小学生课外锻炼服务状况，本课题设计了 4 套问卷，分别针对中小学生、承接主体、中小学校相关人员、中小学生家长。

1. 中小学生

针对中小学生的问卷，通过前置问卷回收中小学生问卷 1086 份。其中经过筛选检查确认前后答题一致，未触发陷阱题规则，填写时间在正常范围内的有效问卷 1050 份，无效问卷 36 份，问卷有效率约为 96.69%，除西藏和港澳台地区外样本遍布全国。本次调研的时间为 2019 年 5 月 17 日—2019 年 6 月 6 日。

本课题对量表部分采用克隆巴赫信度系数（Cronbach's α）进行检验，一般地，一份信度系数较好的量表或问卷，α 系数最好在 0.80 以上，0.70 ~ 0.80 还算可以接受的范围；分量表最好在 0.70 以上，0.60 ~ 0.70 可以接受。通过软件 SPSS24.0 对量表题进行检验，得到结果见表 1 - 1 和表 1 - 2。

表 1 – 1

个案处理摘要			
		个案数	%
个案	有效	1050	100.0
	排除ᵃ	0	0.0
	总计	1050	100.0
a. 基于过程中所有变量的成列删除			

表 1 – 2　中小学生问卷信度检验表

可靠性统计	
项数	7
克隆巴赫 Alpha	0.853

　　从个案处理摘要中，我们可以看出中小学生问卷没有缺少值，也没有排除变量，回收的原始数据不存在问题。从可靠性统计我们可以看出 Alpha 系数 = 0.853 > 0.80，整体量表的可靠性不错，可以推广。

　　通过软件 SPSS24.0 对中小学生问卷量表题进行检验，得到以下结果（见表 1 – 3）：KMO = 0.804 > 0.50，样本量足够，球形度检验，p = 0.000 < 0.05，符合球形度检验。

表 1 – 3　中小学生问卷效度检验表

KMO 和巴特利特检验		
KMO 取样适切性量数		0.835
巴特利特球形度检验	近似卡方	3217.880
	自由度	21
	显著性	0.000

2. 承接主体

针对承接主体，本研究与国内在线问卷调研网站问卷星进行合作，使用问卷星的样本服务，向问卷星指定了样本选择的三个基本要求：①样本要有工作经历；②样本要包含体育类组织在内的各种社会力量；③样本地域要覆盖全国七大地域。依据此要求，问卷星设计了前置问卷，只有通过前置问卷的问卷星样本库成员才能进入正式问卷。

本次调查时段为2019年4月28日—2019年5月14日，共投放前置问卷2477份，通过前置问卷回收问卷802份，其中经过问卷系统筛查、人工筛查和课题组二次筛查：确认前后答题一致，未触发陷阱题规则，填写时间在正常范围内的有效问卷425份，问卷有效回收率约为52.99%，样本除西藏和港澳台地区外，覆盖全国省级行政区域。

表 1-4　承接主体问卷受访者基本信息表

类别	选项	频数/人	占总人数百分比/%	类别	选项	频数/人	占总人数百分比/%
性别	男	223	52.5	学历	博士	3	0.7
	女	202	47.5		硕士	44	10.4
年龄	20 岁以下	2	0.5		本科	286	67.3
	21 ~ 30 岁	185	43.5		大专	63	14.8
	31 ~ 40 岁	178	41.9		高中（中专）	27	6.4
	41 ~ 50 岁	45	10.6				
	51 岁以上	15	3.5		高中（中专）以下	2	0.5
	—	—	—				
所处职位	单位领导	50	11.8	工作年限	3 年以下	89	20.9
	部门领导	118	27.8		3 ~ 5 年	108	25.4
	高级职员	74	17.4		6 ~ 10 年	115	27.1
	一般职员	177	41.6		11 ~ 15 年	50	11.8
	其他	6	1.4		16 ~ 20 年	24	5.6
	—	—	—		20 年以上	39	9.2

3. 中小学校相关人员

针对全国中小学校相关人员，采用问卷调查法了解中小学校相关人员对政府购买中小学生课外锻炼服务的需求情况，基于对国内外文献的研究以及对当前政府购买中小学生课外锻炼服务的了解，完成了初步调查问卷设计，权威专家进行论证修改后，形成了最终调查问卷。与国内网络调查公司问卷星进行合作，使用问卷星的样本服务进行抽样。最终发放问卷 350 份，回收 315 份，无效问卷 35 份，问卷有效率为 90.00%，除西藏和港澳台地区外，样本遍布全国省级行政区域。调研时间为 2019 年 5 月 17 日—2019 年 5 月 31 日。

本研究采用克隆巴赫信度系数（Cronbach's α）针对中小学校相关人员问卷中的量表进行检验，一般地，一份信度系数较好的量表或问卷，α 系数最好在 0.80 以上，0.70 ~ 0.80 还算可以接受的范围；分量表最好在 0.70 以上，0.60 ~ 0.70 可以接受。通过软件 SPSS24.0 对量表题进行检验，得到结果见表 1 – 5 和表 1 – 6。

表 1 – 5

个案处理摘要		个案数	%
个案	有效	315	100.0
	排除 a	0	0.0
	总计	315	100.0
a. 基于过程中所有变量的成列删除			

表 1 – 6

可靠性统计	
克隆巴赫 Alpha	项数
0.816	8

从个案处理摘要中，我们可以看出中小学校相关人员问卷没有缺少值，也没有排除变量，回收的原始数据不存在问题。从可靠性统计我们可以看出 Alpha 系数 = 0.816 > 0.80，整体量表的可靠性不错，可以推广。

通过软件 SPSS24.0 对中小学校相关人员问卷量表题进行检验，得到以下结果：在表 1 - 7 中，KMO = 0.794 > 0.5，样本量足够，球形度检验，p = 0.000 < 0.05，符合球形度检验。

表 1 - 7

KMO 和巴特利特检验		
KMO 取样适切性量数		0.794
巴特利特球形度检验	近似卡方	895.535
	自由度	28
	显著性	0.000

4. 中小学生家长

针对全国中小学生家长，采用问卷调查方法了解家长对政府购买中小学生课外锻炼服务的需求情况，基于国内外文献的研究以及对当前政府购买中小学生课外锻炼服务的了解，完成了初步调查问卷设计，权威专家进行论证修改后，形成了最终调查问卷。与国内网络调查公司问卷星进行合作，使用问卷星的样本服务进行抽样。最终发放问卷 1046 份，回收 836 份，无效问卷 210 份，问卷有效率约为 79.92%，除西藏和港澳台地区外，样本遍布全国省级行政区域。调研时间为 2019 年 5 月 17 日—2019 年 5 月 28 日。

本研究采用克隆巴赫信度系数（Cronbach's α）针对中小学生家长问卷中的量表进行检验，一般地，一份信度系数较好的量表或问卷，α 系数最好在 0.80 以上，0.70 ~ 0.80 还算可以接受的范围；分量表最好在 0.70 以上，0.60 ~ 0.70 可以接受。通过软件 SPSS24.0 对量表题进行检验，得到结果见表 1 - 8 和表 1 - 9。

表 1 - 8

个案处理摘要			
		个案数	%
个案	有效	1046	100.0
	排除 a	0	0.0
	总计	1046	100.0
a. 基于过程中所有变量的成列删除			

表 1 - 9

可靠性统计	
克隆巴赫 Alpha	项数
0.777	9

从个案处理摘要中,我们可以看出中小学生家长问卷没有缺少值,也没有排除变量,回收的原始数据不存在问题。从可靠性统计可以看出 Alpha 系数 = 0.777 > 0.70,整体量表的可靠性可以接受。通过软件 SPSS24.0 对中小学生家长问卷量表题进行检验,得到以下结果(见表 1 - 10):KMO = 0.804 > 0.5,表明样本量足够。球形度检验,p = 0.000 < 0.05,符合球形度检验。

表 1 - 10

KMO 和巴特利特检验		
KMO 取样适切性量数		0.804
巴特利特球形度检验	近似卡方	2467.421
	自由度	36
	显著性	0.000

(三)逻辑分析法

在查找到政府购买中小学生课外锻炼服务的文献资料,获得相关资料、问卷调查后的基础上，运用形式逻辑等理论方法来分析、推理本论文中的相关内容。

（四）数理统计法

本研究运用数理统计法，对收集的问卷数据进行归纳、分析。运用 SPSS 24.0 等统计软件对我国中小学生家长对政府购买课外锻炼服务的认知需求、内容需求、时间需求、形式需求进行了列联分析、单因素线性分析、多重响应集、决策树模型分析。

第三节　概念界定

一、中小学生课外锻炼

2013 年 11 月，党的十八届三中全会审议通过的《关于全面深化改革若干重大问题的决定》首次明确提出"强化体育课和青少年课外锻炼，促进青少年身心健康、体魄强健"的要求，教育部体育卫生与艺术教育司司长王登峰对中央重大综合性文件提出如此细致的要求进行了解读，他认为该要求是针对学生学业负担沉重、体质健康水平有持续下降趋势的情况①提出的。青少年体质下降问题受到从中央到部委到全社会的深切关注，原因在于青少年体质健康是国家长期健康稳定发展的根基。基于青少年体质下降的现实，以中小学生为主的青少年开展课外锻炼，就不能仅局限在学校内，更应该让学生走出学校，打造覆盖校内外的中小学生课外锻炼体系。

周登嵩②（2004）在其专著《学校体育学》中精心拿出第三篇来讲述课

---

① 王登峰. 强健体魄 健全人格——学校体育改革总体思路与路径［J］. 中国德育, 2014 (4)：17－22.

② 周登嵩. 学校体育学［M］. 北京：人民体育出版社, 2004：11.

余体育，在第三篇中又精心拿出第二章来讲述课余体育锻炼。《辞海》① 对"课余"的解释是"上课时间以外"，对"课外"的解释是"学校上课以外的时间"，对"锻炼"的三个解释中，只有第二个释义"通过体育运动使身体强壮，培养勇敢、机警和维护集体利益等品德"能与"课余"和"课外"两个词结合，由此我们可以将"课外锻炼"进行狭义和广义的区分，广义的课外锻炼与该书中的"课余体育"等同，狭义的课外锻炼与该书中的"课余体育锻炼"等同。

　　结合"课余体育"的定义，我们将广义的中小学生课外锻炼界定为中小学生在课外时间里，运用各种身体练习和多种方法，以发展身体、增进健康、提高运动技术水平和丰富业余文化生活为目的而进行的多种形式及内容的体育教育活动。它主要包括早操、课间操、班级体育活动、课余训练、课余竞赛以及校外体育、家庭体育等多种组织形式和内容。广义的课外锻炼与体育课相配合，共同完成中小学校体育的任务。广义的中小学生课外锻炼为中小学生广泛开展体育健身活动，提供了多种多样的组织形式。这些组织形式可分为三类：第一类是除体育课编排在课表中以外的体育活动，包括早操、课间操、大课间体育活动和班级体育锻炼；第二类是全校性的课外锻炼活动，包括体育节和体育周、各种形式的体育竞赛活动；第三类是校外体育活动，包括本校组织的校外体育活动、校内有关部门组织的体育活动、家庭体育活动和个人体育活动。

　　结合"课余体育锻炼"的定义，我们将狭义的中小学生课外锻炼界定为中小学生在课余时间里，运用多种体育手段，以发展身体、增进健康、愉悦身心为目的而开展的体育活动。狭义的中小学生课外锻炼内容主要是与体育课教学相关的内容，包括田径类、体操类、球类、武术等运动项目。结合研究需要，本研究使用中小学生课外锻炼的广义概念，将狭义概念的内容也一并纳入研究。

---

① 夏征农，陈至立.辞海［M］.6版.上海：上海辞书出版社，2009.

二、政府购买公共体育服务

对政府购买公共体育服务的界定需要明确"政府购买服务"和"公共体育服务"。关于"政府购买服务"虽然学界各有表述,但作为公共层面的概念,源自公共政策层面的概念应用更为重要,2013 年 9 月 26 日,《国务院办公厅关于政府向社会力量购买服务的指导意见》(国办发〔2013〕96 号)出台,标志着我国政府购买服务由地方探索上升为国家战略[1]。这一重量级文件对政府购买服务进行界定:"政府购买服务指的是通过发挥市场机制作用,把政府直接提供的一部分公共服务事项以及政府履职所需服务事项,按照一定的方式和程序,交由具备条件的社会力量和事业单位承担,并由政府根据合同约定向其支付费用。"[2]

关于"公共体育服务"虽然学界各有看法,但本研究倾向肖林鹏[3](2008)对公共体育服务的界定,即公共体育服务是指为满足公共体育需求而提供的公共物品或混合物品。在明确"政府购买服务"和"公共体育服务"后,我们可以对政府购买公共体育服务进行界定,在中央公共政策层面暂时没有政府购买公共体育服务概念的直接应用,2013 年 12 月 31 日,国家体育总局与江苏省签订《建设公共体育服务体系示范区合作协议》,将江苏省打造为示范区,因此可以使用江苏省政策中对政府购买公共体育服务的概念应用作为界定。2014 年 7 月 2 日,江苏省体育局、江苏省财政厅印发《江苏省本级向社会组织购买公共体育服务暂行办法》,根据该办法的规定,将本课题中的政府购买公共体育服务概念界定为通过政府采购的规范程序,把政府向社会公众提供的部分公共体育服务事项交由具备条件的社会组织承担,政府根

---

① 张大超,杨娟. 我国政府购买公共体育服务的现实困境和发展对策 [J]. 体育科学,2017,37 (9):3-15,27.

② 国务院办公厅. 国务院办公厅关于政府向社会力量购买服务的指导意见 [EB/OL]. 中国政府网,2013-09-30.

③ 肖林鹏. 论我国公共体育服务供给的基本问题 [J]. 体育文化导刊,2008 (1):10-12.

据服务数量和质量向其支付费用的公共体育服务供给方式。

三、政府购买青少年体育服务

2016 年 9 月 5 日，国家体育总局印发《青少年体育"十三五"规划》，其中从制度建设上明确指出"推动政府购买青少年体育公共服务制度"，从资金投入上明确指出"推动政府购买青少年体育公共服务"①，为政府购买青少年体育服务提供了直接的政策依据。

当前我国尚未出台针对青少年体育公共服务的专门政策文件，由于政府购买青少年体育服务是政府购买公共体育服务的下位概念，因此结合本课题对政府购买公共体育服务的界定，将政府购买青少年体育服务界定为通过政府采购的规范程序，把政府向社会公众提供的部分青少年公共体育服务事项交由具备条件的社会组织承担，并根据服务数量和质量向其支付费用的青少年公共体育服务供给方式。通过对政策的梳理和现状的研究，可以明确政府购买青少年体育服务的购买主体是承担青少年体育服务职能的各级行政机关、事业单位以及纳入行政编制管理且经费由财政负担的群团组织。承接主体是社会力量和社会组织；政府购买青少年体育公共服务的内容包括校队训练、体育课服务、课外锻炼服务，形式相对较为单一。政府购买青少年体育公共服务的方式以定向委托为主。资金来源主要为财政拨款、教育局拨款、体育局拨款和体育彩票公益金。

四、政府购买中小学生课外锻炼服务

党中央、国务院高度重视中小学生课外锻炼，在 2012 年党的十八届三中全会就做出了强化体育课和课外锻炼的重要部署。在党的十八届三中全会做出部署以后，后续的一系列中央政策，如 2013 年中共中央印发的《关于全面

---

① 青少年体育司.体育总局关于印发《青少年体育"十三五"规划》的通知［EB/OL］.国家体育总局，2016 – 09 – 08.

深化改革若干重大问题的决定》，2016 年中共中央、国务院印发《"健康中国
2030"规划纲要》，2017 年中共中央、国务院印发《中长期青年发展规划
（2016－2025 年）》都提及课外锻炼，尤其是 2019 年中共中央、国务院印发
的《关于深化教育教学改革全面提高义务教育质量的意见》明确指出"通过
购买服务等方式，鼓励体育社会组织为学生提供高质量体育服务"①，为政府
购买中小学生课外锻炼服务提供直接而强有力的政策支撑。2019 年 7 月，国
务院印发《关于实施健康中国行动的意见》（国发〔2019〕13 号）明确提出
"将体育纳入高中学业水平测试"②，通过政府购买中小学生课外锻炼服务，
满足中小学生在校内外体育素养提升的实际需求越发凸显。

当前，中小学生课外锻炼有狭义和广义之分，因此，在对政府购买中小
学生课外锻炼服务进行界定时，也应该从狭义和广义上展开。狭义的政
府购买中小学生课外锻炼服务仅限于学校内部学生上课时间以外开展的体
育活动；而广义的政府购买中小学生课外锻炼服务是覆盖校内外学生上课
时间以外开展的体育活动，包括社区体育活动、冬、夏令营等以中小学生
为主的校外体育活动。因此，结合研究需要，本课题的政府购买中小学生
课外锻炼服务使用广义概念，是指政府为满足中小学生在校内外的课外锻
炼需求而通过一定的方式和程序，把服务事项交由具备条件的社会力量和
事业单位承担的过程。

五、政府购买中小学生课外锻炼服务制度

在明确政府购买中小学生课外锻炼服务制度的概念之前，有必要对"制
度"的概念进行分析，那到底什么是制度？社会学和经济学都把制度定义为
约束人们行为活动的规章或准则。英国社会学家 H. 斯宾塞最早在其著作《第

---

① 新华社. 中共中央 国务院关于深化教育教学改革全面提高义务教育质量的意见［EB/
OL］. 中国政府网，2019－07－08.

② 国务院. 国务院关于实施健康中国行动的意见［EB/OL］. 中国政府网，2019－01－
15.

一原理》中，用"社会制度"一词来描述履行社会功能的机构，强调社会制度的实体方面。美国社会学家 W. G. 萨姆纳提出制度由概念和结构组成，认为制度是由民俗、道德发展起来的。此后，制度是大量规范的复合体，是社会为适应其需要用合法形式建立起来的，强调社会规范的重要性及制度在社会结构中的地位的观点为许多社会学家所接受。

制度经济学中的制度是指一个社会的游戏规则，是为决定人们的相互关系而人为设定的一些制约。舒尔茨把制度定义为一种行为规则，这些规则涉及社会行为、政治行为和经济行为。康芒斯认为制度是指约束个人行动的集体行动，在集体行动中，最重要的是法律制度①。新制度经济学家道格拉斯·诺斯在论述制度及制度变迁的著作中提出："制度是人类设计的制约人们相互行为的约束条件……用经济学的术语说，制度定义和限制了个人的决策集合。"② 诺斯认为，制度是社会的游戏规则，更规范地讲，它们是为决定人们的相互关系而人为设定的一些制约。他将制度分为三种类型，即正式制度、非正式制度和这些制度的执行机制，这三部分构成完整的制度内涵，是不可分割的整体③。

制度经济学派运用经济学原理总结出一套完整、科学的制度分析理论范式，对本书的研究有很强的借鉴意义。因此，本研究遵循诺斯对制度的定义：制度是一种行为规则，是人们在社会活动中被要求共同遵守的规范，从正式程度上有正式制度、非正式制度，从具体表现形式上有法律法规、政策文件、规章制度、意识形态等。

就政府购买中小学生课外锻炼服务而言，制度是其成长发展的行为规范和系统框架，因此，本书的政府购买中小学生课外锻炼服务制度设计涵盖社会思想与行动的各个领域，它包括立法、决策、规划以及政府购买活动的设

---

① 卢现祥. 西方新制度经济学 [M]. 第2版. 北京：中国发展出版社，2005：4 - 52.
② 科斯，诺思. 财产权利与制度变迁——产权学派与新制度学派译文集 [M]. 上海：上海三联书店，1991：20，64.
③ 青木昌彦. 什么是制度？我们如何理解制度？[J]. 经济师，2003（4）：2425.

计与实施。根据上面的分析，政府购买中小学生课外锻炼服务制度就是对政府购买中小学生课外锻炼服务的实践活动进行约束和管理而形成的一整套规范，具体表现在相关法律法规的制定和保障实施上。

在政府购买服务的过程中存在大量有着迥异的利益取向的团体，各个利益集团必然要进行广泛的、错综复杂的博弈。因此，需要一整套规范对各个利益集团进行约束和激励。分析专家调查问卷得出，大部分专家认为权责明晰、信息公开、规范购买、监管灵活、评估规范是购买中小学生课外锻炼服务的应有状态，结合专家对政府购买中小学生课外锻炼服务制度内容的意见，本研究认为应从以下六个方面对政府购买中小学生课外锻炼服务进行制度设计：一是法律法规；二是责任规范；三是购买程序；四是信息公开机制；五是监管制度；六是绩效评估制度。综上所述，政府购买中小学生课外锻炼服务制度可以认为是为满足中小学生课外锻炼服务需求目标而设计的规范。

第二章

政府购买中小学生课外锻炼服务网络关注研究

第一节　政府购买服务的关键词和时段

自 2013 年 9 月以来，国务院办公厅关于政府向社会力量购买服务的指导意见（国办发〔2013〕96 号）发布以来，谁在关注政府购买公共服务，具体到政府购买公共体育服务和政府购买公共文化服务又是怎样的情景，想要获取关注主体的信息都不容易。百度指数是以百度海量网民行为数据为基础的数据分享平台。在中国知网通过设置"主题＝百度指数；来源＝SCI，核心期刊，CSSCI"进行检索，得到文献 134 篇，文献的时间跨度为 2008—2019 年，由此可见当前运用百度指数进行科学研究已经是相对成熟的研究方法。据 Statcounter 估算，百度在中国搜索引擎领域的市场份额为 70%，百度指数基本能代表中国大多数网民的行为动态，因此，本章基于百度指数研究政府购买服务公共关注度的现状具有可行性。

百度指数的关键词，需要百度指数提前收录，才可以研究往后的指数变化。因此，在能直接获取关键词的，直接使用关键词，不能直接使用关键词的，采用数据累加检索实现不同关键词的数据相加，将相加后的汇总数据作为一个组合关键词进行展现，目前，百度指数最多支持 3 个关键词的累加检索。因此，政府购买公共服务的百度指数检索关键词使用"政府购买服务"，政府购买公共体育服务的百度指数检索关键词使用"政府购买公共服务＋体育"，政府购买公共文化服务的百度指数检索关键词使用"政府购买公共服

务 + 文化"。

百度指数自 2006 年开始提供 PC 端搜索指数，2011 年 1 月开始提供移动端搜索指数①。由于当前移动端在我们生活中占据越来越重的分量，因此总体时间选取自 2011 年以后，鉴于国务院办公厅关于政府向社会力量购买服务的指导意见（国办发〔2013〕96 号）于 2013 年 9 月发布，考虑到政策的滞后性和时间上的一致性，本研究在进行年度比较时，定义每年 1 月 1 日至 12 月 31 日为一年度，使用 2014. 1. 1—2018. 12. 31 的百度指数作为测量政府购买服务公众关注的数据源。

第二节　政府购买服务的人群特征研究

政府购买服务的人群特征主要分为地域分布、人群属性和兴趣分布。政府购买服务的地域分布是根据百度用户搜索数据，采用数据挖掘方法，对关键词的人群属性进行聚类分析，给出用户所属的省份、城市，及城市级别的分布及排名。

政府购买服务的人群属性是根据百度用户搜索数据，采用数据挖掘方法，对关键词的人群属性进行聚类分析，给出用户所属的年龄及性别的分布及排名。政府购买服务的兴趣分布是基于百度搜索用户行为数据以及画像库，刻画所选范围上关注该主题词的人群分布情况以及相对全网平均表现的强弱程度。

一、政府购买服务的人群特征

在地域分布方面，百度指数根据搜索指数由高到低进行排名，采用年度对比，2014 年时间段：2014. 1. 1—2014. 12. 31，2015 年时间段：2015. 1. 1—

---

① 孟天广，赵娟. 大数据时代网络搜索行为与公共关注度：基于 2011 - 2017 年百度指数的动态分析［J］. 学海，2019（3）：41 - 48.

2015. 12. 31，2016 年时间段：2016. 1. 1—2016. 12. 31，2017 年时间段：2017. 1. 1—2017. 12. 31，2018 年时间段：2018. 1. 1—2018. 12. 31。省份分布得到表 2 - 1，区域分布得到表 2 - 2，城市分布得到表 2 - 3。

表 2 - 1　政府购买服务 2014—2018 年省份分布

排名	2014 年	2015 年	2016 年	2017 年	2018 年
TOP 1	广东	北京	北京	山东	山东
TOP 2	山东	广东	广东	北京	北京
TOP 3	北京	山东	山东	河南	广东
TOP 4	山西	浙江	河南	广东	河南
TOP 5	浙江	江苏	四川	四川	江苏
TOP 6	河南	四川	江苏	浙江	四川
TOP 7	江苏	河南	浙江	江苏	浙江
TOP 8	安徽	山西	河北	山西	山西
TOP 9	河北	上海	湖北	云南	河北
TOP 10	四川	湖北	湖南	安徽	湖北

由表 2 - 1 可见，关注政府购买服务的省份，除 2017 年河南挤进第三以外，2014—2018 年前三都是广东、北京、山东三个省级行政单位。2014 年广东排在第一，原因在于广东省早在 2012 年 6 月 1 日就在全国率先推出了《政府向社会组织购买社会服务暂行办法》，首次明确了政府向社会组织购买服务的范围、程序方式和资金安排等，是国内政府购买服务先进经验的代表。2015 和 2016 两年北京位居第一，原因在于从 2014 年 1 月开始，北京市率先采取政府购买服务的方式推出全市中小学生课外活动计划，每年投入人民币 5 亿元用于中小学生课外体育、文艺、科普社团活动，并在 2015 年和 2016 年制定出一系列配套政策，在国内积累了政策保障下的政府购买中小学生课外活动服务的先进经验。2017 年和 2018 年两年山东省都位居第一，原因在于 2017 年 8 月 10 日，山东省率先在国内推出了《山东省政府购买服务竞争性评

审和定向委托方式暂行办法》，给国内其他省份用政策规定定向委托方式提供了先进经验。

表 2 - 2　政府购买服务 2014—2018 年区域分布

排名	2014 年	2015 年	2016 年	2017 年	2018 年
TOP 1	华东	华东	华东	华东	华东
TOP 2	华北	华北	华北	华北	华北
TOP 3	华南	华中	华中	华中	华中
TOP 4	华中	华南	西南	西南	西南
TOP 5	西南	西南	华南	华南	华南
TOP 6	西北	西北	西北	西北	西北
TOP 7	东北	东北	东北	东北	东北

由表 2 - 2 可见，区域分布上经济发达的地区和经济增速较快的地区，在2014—2018 年排名都相对靠前，经济欠发达地区和经济增速较缓的地区，在2014—2018 年排名都相对靠后。

表 2 - 3　政府购买服务 2014—2018 年城市分布

排名	2014 年	2015 年	2016 年	2017 年	2018 年
TOP 1	北京	北京	北京	北京	北京
TOP 2	广州	上海	成都	成都	郑州
TOP 3	杭州	成都	上海	郑州	上海
TOP 4	武汉	广州	武汉	上海	成都
TOP 5	合肥	济南	郑州	杭州	杭州
TOP 6	上海	武汉	广州	广州	广州
TOP 7	郑州	杭州	济南	济南	武汉
TOP 8	济南	郑州	昆明	武汉	济南
TOP 9	成都	重庆	长沙	昆明	太原
TOP 10	太原	天津	杭州	重庆	长沙

　　"新一线城市"的概念最早由《第一财经周刊》提出，如今距第一财经·新一线城市研究所推出《城市商业魅力排行榜》已经过了四年，虽然这种划分并非官方出具，但也获得了大量政府官方媒体的转发，位于榜单上的城市也将其作为城市宣传点，该划分已经具备了相当的社会影响力。据《2019年城市商业魅力排行榜》显示，一线城市有4个，排名为北京、上海、广州、深圳，新一线城市有15个，排名为成都、杭州、重庆、武汉、西安、苏州、天津、南京、长沙、郑州、东莞、青岛、沈阳、宁波、昆明。由表2-3可见，关注政府购买服务的人群所处城市，除太原和济南这两个省会城市外都属于一线城市和新一线城市。北京是关注政府购买服务当之无愧的首要城市。

　　人群属性方面由年龄分布和性别分布组成，由于2014年百度指数中没有数据，故数据时段为2015—2018年。在年龄分布方面，从大数据来看，19岁及19岁以下人群基本不关注政府购买服务，30~39岁人群是关注政府购买服务的主力人群。从变化趋势来看，2016年以后，20~29岁和30~39岁人群关注比例有所下降，40~49岁人群关注有所上升；2018年是50岁及50岁人群关注的爆发年份，越来越多的中老年群体开始关注政府购买服务，见图2-1。

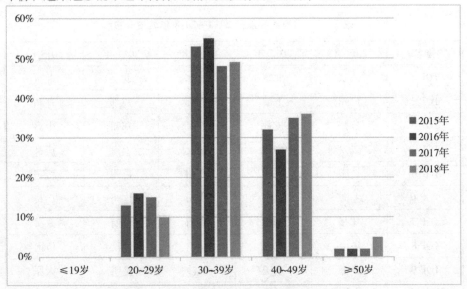

图2-1　政府购买服务2015—2018年人群年龄分布

在性别分布方面，从整体看，男性是政府购买服务的主要关注人群。从变化趋势来看，自 2016 年以后，男性占比逐年下降，女性占比逐年上升，见图 2 - 2。女性对政府购买服务的关注度和参与感都在逐年增加，足以可见女性在社会参与上频率的增加。

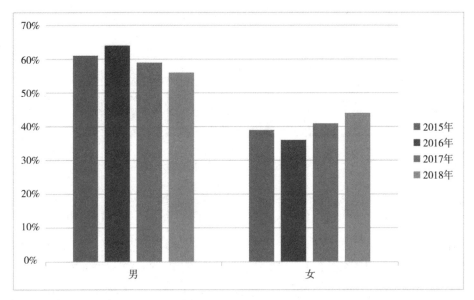

图 2 - 2　政府购买服务 2015—2018 年人群性别分布

在兴趣分布方面，TGI 是一个重要的指数，TGI 英文全称是 Target Group Index，中文名称是目标群体指数，可反映目标群体在特定研究范围内的强势或弱势。TGI 指数 = ［目标群体中具有某一特征的群体所占比例/总体中具有相同特征的群体所占比例］ * 标准数 100。TGI 指数表征不同特征用户关注问题的差异情况，其中 TGI 指数等于 100 表示平均水平，高于 100，代表该类用户对某类问题的关注程度高于整体水平。

在百度指数中，已经自动将特征人群和全网分布进行了聚类，并计算出 TGI 指数，绘制出 TGI 折线图，见图 2 - 3。资讯 TGI = 105.31，教育培训 TGI = 116.54，影视音乐 TGI = 106.8，书籍阅读 TGI = 113.48，医疗健康 TGI = 113.9，软件应用 TGI = 99.9，商务服务 TGI = 152.27，旅游出行 TGI =

134.87，餐饮美食 TGI = 124.35，家电数码 TGI = 128.4，由数据可见，除软件应用外，其他内容关注政府购买服务人群关注程度都高于整体水平。由 TGI 折线图我们可以看到，商务服务是折线图中峰值，也代表了关注政府购买服务人群最关注商务服务。

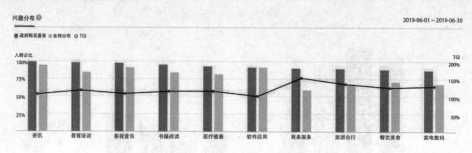

图 2-3　政府购买服务整体兴趣分布

　　进入商务服务的二级页面，见图 2-4，法律咨询 TGI = 187.76，会计审计 TGI = 341.08，化工材料 TGI = 145.15，广告服务 TGI = 92.26，人员招聘 TGI = 98.03，知识产权 TGI = 173，印刷打印 TGI = 85.82，安全安保 TGI = 154.14，特许经营 TGI = 1158.64，翻译 TGI = 33.17，从数据可见，除广告服务、人员招聘、印刷打印、翻译外，在法律咨询、会计审计、化工材料、知识产权、安全安保和特许经营方面关注政府购买服务人群的关注程度都高于整体水平，尤其是特许经营，其 TGI 远远高于其他内容，由此可见，关注特许经营的人群是对政府购买服务中关注度最高的人群。

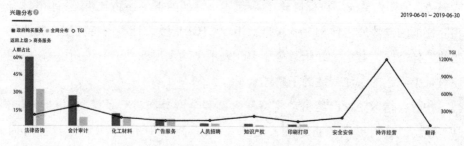

图 2-4　政府购买服务中商务服务二级页面的兴趣分布

二、政府购买公共体育服务的人群特征

政府购买公共体育服务的百度指数检索关键词使用组合"政府购买公共服务＋体育"。在地域分布方面，百度指数根据搜索指数由高到低进行排名，省份分布得到表2-4，区域分布得到表2-5，城市分布得到表2-6。

表2-4　政府购买公共体育服务2014—2018年省份分布

排名	2014年	2015年	2016年	2017年	2018年
TOP 1	广东	广东	广东	广东	广东
TOP 2	山东	山东	山东	山东	山东
TOP 3	浙江	江苏	四川	江苏	江苏
TOP 4	江苏	浙江	江苏	浙江	浙江
TOP 5	北京	四川	浙江	四川	四川
TOP 6	四川	北京	北京	北京	北京
TOP 7	辽宁	辽宁	上海	辽宁	辽宁
TOP 8	河南	河南	辽宁	上海	上海
TOP 9	安徽	上海	河南	河南	河南
TOP 10	上海	河北	河北	河北	湖北

由表2-4可见，关注政府购买公共体育服务的前三名在2015年、2017年和2018年都是广东、山东、江苏三省，这三个省都是我国拥有政府购买公共体育服务的先进经验地区，由此可推断出处于先进经验地区的人群对相关政策的关注度更高。

表2-5　政府购买公共体育服务2014—2018年区域分布

排名	2014年	2015年	2016年	2017年	2018年
TOP 1	华东	华东	华东	华东	华东
TOP 2	华南	华南	华南	华南	华南

续表

排名	2014 年	2015 年	2016 年	2017 年	2018 年
TOP 3	华北	西南	西南	西南	西南
TOP 4	西南	华北	华北	华北	华中
TOP 5	华中	华中	华中	华中	华北
TOP 6	东北	东北	东北	东北	东北
TOP 7	西北	西北	西北	西北	西北

由表 2 - 5 可见，关注政府购买公共体育服务的前三名除 2014 年华北地区挤入第三以外，2015 年后都是华东、华南和西南地区。东部沿海的华东和华南地区属于我国经济发达地区，位居前列得益于经济基础，而西南地区得益于经济增速，以 2017 年上半年为例，西南地区的云南、贵州、四川、重庆、西藏五个省区市的经济增速不仅全部跑赢全国平均增速，贵州、重庆、西藏还继续保持了两位数增长①。

表 2 - 6　政府购买公共体育服务 2014—2018 年城市分布

排名	2014 年	2015 年	2016 年	2017 年	2018 年
TOP 1	广州	北京	成都	北京	北京
TOP 2	杭州	广州	北京	广州	上海
TOP 3	北京	上海	上海	上海	杭州
TOP 4	济南	成都	广州	成都	广州
TOP 5	上海	济南	济南	杭州	深圳
TOP 6	成都	杭州	深圳	济南	济南
TOP 7	昆明	青岛	重庆	深圳	成都
TOP 8	深圳	苏州	杭州	重庆	青岛

---

① 新华社. 新产业、新业态支撑高增长——西南五省区市年中经济数据解读 [EB/OL].
中国政府网，2017 - 07 - 31.

续表

排名	2014 年	2015 年	2016 年	2017 年	2018 年
TOP 9	合肥	深圳	武汉	青岛	苏州
TOP 10	武汉	重庆	西安	苏州	重庆

由表 2 - 6 可见，经过不断的变化，到 2018 年关注政府购买公共体育服务的人群除新一线城市杭州位居第三以外，已经固定为北上广成四个一线城市，进一步验证了经济越发达地区对政府购买公共体育服务关注度越高的观点。

在年龄分布方面，由图 2 - 5 可以看出，当前关注政府购买公共服务的人群还是集中在 30~39 岁，但从整体趋势来看，2014—2018 年 5 年间，20~29 岁人群占比逐年下降，40~49 岁人群占比逐年上升，19 岁以下和 50 岁以上两端变化幅度小，19 岁以下人群保持低占比，50 岁以上人群稳中有升。

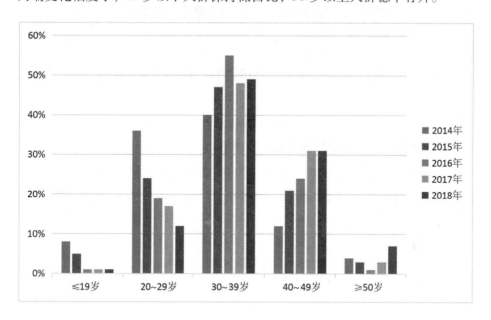

图 2 - 5　政府购买公共体育服务 2014—2018 年人群年龄分布

　　在性别分布方面，由图2-6可以看出，关注政府购买公共体育服务的人群产生由男性占绝大多数到男性占多数的变化，女性参与在逐年上升，对与自身健康密切相关的政府购买公共体育服务，女性关注意识逐渐觉醒。

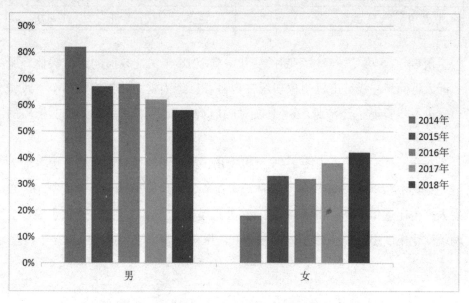

图2-6　政府购买公共体育服务2014—2018年人群性别分布

三、政府购买公共文化服务的人群特征

　　从表2-7可知关注政府购买公共文化服务的人群省份分布来看，2014—2018年广东和北京一直位列第一和第二位，江苏除2016年外一直位居第三位。

表2-7　政府购买公共文化服务2014—2018年省份分布

排名	2014年	2015年	2016年	2017年	2018年
TOP 1	广东	广东	广东	广东	广东
TOP 2	北京	北京	北京	北京	北京
TOP 3	江苏	江苏	四川	江苏	江苏

续表

排名	2014 年	2015 年	2016 年	2017 年	2018 年
TOP 4	山东	浙江	江苏	浙江	浙江
TOP 5	浙江	山东	浙江	山东	山东
TOP 6	河南	四川	山东	四川	四川
TOP 7	上海	河南	河南	河南	河南
TOP 8	四川	上海	上海	上海	上海
TOP 9	湖北	陕西	陕西	湖北	湖北
TOP 10	陕西	湖北	湖北	陕西	河北

从表 2 - 8 可知，关注政府购买公共文化服务的人群区域分布来看，华东地区和华北地区一直稳定排在前两位，进一步佐证了无论是政府购买公共服务，还是政府购买公共体育服务，还是政府购买公共文化服务，经济发达地区政府购买服务的发展情况和关注情况都是最好的。

表 2 - 8　政府购买公共文化服务 2014—2018 年区域分布

排名	2014 年	2015 年	2016 年	2017 年	2018 年
TOP 1	华东	华东	华东	华东	华东
TOP 2	华北	华北	华北	华北	华北
TOP 3	华中	华南	华南	华中	华中
TOP 4	华南	华中	华中	华南	华南
TOP 5	西南	西南	西南	西南	西南
TOP 6	西北	西北	西北	西北	西北
TOP 7	东北	东北	东北	东北	东北

从 2 - 9 可知，关注政府购买公共文化服务的人群城市分布来看，北京作为首都和一线城市一直位于搜索排名的第一位，到 2018 年，形成了北上广深 4 个一线城市加上 2 个强新一线城市霸榜的情况。

表 2 - 9 政府购买公共文化服务 2014—2018 年城市分布

排名	2014 年	2015 年	2016 年	2017 年	2018 年
TOP 1	北京	北京	北京	北京	北京
TOP 2	上海	上海	成都	上海	上海
TOP 3	广州	广州	上海	广州	杭州
TOP 4	郑州	成都	广州	成都	广州
TOP 5	杭州	武汉	武汉	杭州	成都
TOP 6	武汉	西安	西安	武汉	深圳
TOP 7	西安	杭州	杭州	西安	武汉
TOP 8	成都	郑州	郑州	重庆	郑州
TOP 9	天津	重庆	重庆	深圳	西安
TOP 10	合肥	天津	深圳	郑州	重庆

在年龄分布方面，由图 2 - 7 可以看出，当前关注政府购买公共文化服务的人群与关注政府购买公共体育服务的人群趋势一样，集中在 30 ~ 39 岁人群，20 ~ 29 岁人群关注呈下降趋势，40 ~ 49 岁人群逐年上升。由此可以判断，关注政府购买公共文化服务的人群与关注政府购买公共体育服务的人群在年龄段上存在重叠，在 20 ~ 49 岁这个年龄段的人群对公共体育和公共文化的需求是相似的。

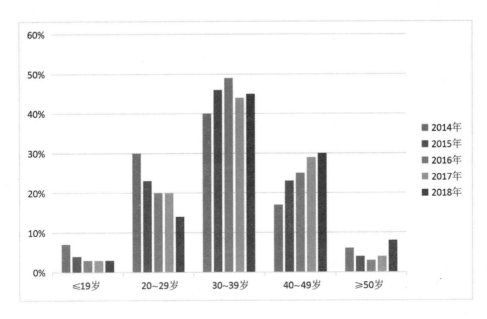

图 2-7　政府购买公共文化服务 2014—2018 年人群年龄分布

　　在性别分布方面，由图 2-8 可以看出，关注政府购买公共文化服务的人群整体还是以男性为主，但女性关注占比逐年上升，女性越来越成为重要的参与力量。

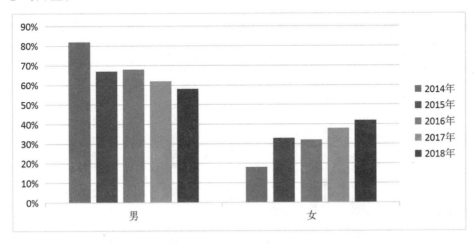

图 2-8　政府购买公共文化服务 2014—2018 年人群性别分布

四、政府购买服务的人群特征对比分析

在以上内容中，我们对政府购买服务、政府购买公共体育服务和政府购买公共文化进行了年度对比，由于政府购买服务不是数据叠加得来，因此在进行整体人群特征对比时，不将其列入其中。

广东作为我国改革开放的桥头堡，在政府购买服务方面也走在全国的探索前列，民众对政府购买公共体育服务和公共文化服务的关注度也高于其他地区。

政府购买公共体育服务和政府购买公共文化服务排在第一的都是华东地区。排在最后两名的都是东北和西北地区。在中间区域出现了一些变化：政府购买公共体育服务中，华南地区排在第二，西南地区排在第三；而在政府购买公共文化服务中，华南地区排到了第四，西南地区排到了第五。由此可以推断，在整个华南地区和西南地区，人们对政府购买公共体育服务的关注度高于对政府购买公共文化服务的关注度。

由图 2 – 9 可以看出，关注政府购买公共体育服务在 20～29 岁的人群略低于关注政府购买公共文化服务的人群，而在 30～39 岁和 40～49 岁人群中却有所反转，可见在 30～49 岁主力关注人群中，关注政府购买公共体育服务的人群比例高于关注政府购买公共文化服务的人群。在性别上，由于体育和文化的差异，整体上关注政府购买公共文化服务的人群性别差小于关注政府购买公共体育服务的性别差，性别分布相对均衡。

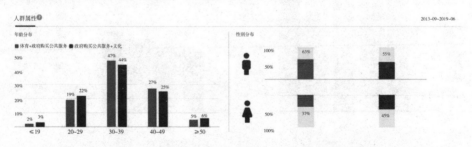

图 2 – 9　政府购买公共体育服务和公共文化服务 2013—2019 年人群属性

第三节　政府购买服务的关注趋势研究

百度指数能够展现在特定时间段关键词的关注趋势，主要包括搜索指数和资讯关注，资讯关注又包括资讯指数和媒体指数。搜索指数指的是互联网用户对关键词搜索关注程度及持续变化情况。资讯关注指的是新闻资讯在互联网上对特定关键词的关注及报道程度的持续变化。具体来说，资讯指数是以百度智能分发和推荐内容数据为基础，将网民的阅读、评论、转发、点赞、不喜欢等行为的数量加权求和得出的资讯指数。媒体指数是以各大互联网媒体报道的新闻中，与关键词相关的，被百度新闻频道收录的数量，采用新闻标题包含关键词的统计标准，数据来源、计算方法与搜索指数无直接关系。

一、政府购买服务的关注趋势

由图2-10可以看出，政府购买服务2017年以前搜索均值持续上升，在2017年出现拐点。2017年6月，由财政部发布《关于坚决制止地方以政府购买服务名义违法违规融资的通知》（财预〔2017〕87号）是这一变化的重要原因，这是中央对地方违规举债的封堵，也是对政府购买服务的政策化规范，列出政府购买服务的负面清单，从而从中央政策上保障政府购买服务的健康有序发展。

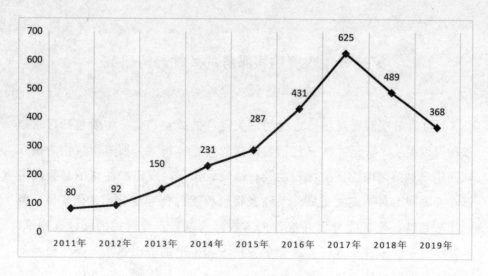

图 2 - 10 政府购买服务搜索指数图

第一个新闻头条出现在 2015 年 3 月，由财政部官方转发地方经验《浙江绍兴财政：政府购买服务实现多赢》产生。浙江绍兴是对政府购买服务探索比较早的城市，2003 年开始探索，在政府购买文化服务和政府购买养老服务方面有值得各个地方借鉴的先进经验①。

第二个新闻头条出现在 2017 年 3 月，由共青团中央主办的中央重点新闻网站中国青年网刊登的《全国政协委员翁华建：以政府购买服务促健康科普进校园》产生。翁华建委员关注到政府购买服务在中小学生群体中也能发挥巨大作用，提议从教育经费中拿出一部分，用政府购买服务的方式让健康科普进入校园。这是政协委员首次从健康观念上提出使用政府购买服务来促进中小学生健康科普，为从课外锻炼上使用政府购买服务来促进中小学生健康发展进行了观念铺垫和知识普及，引发民众对政府购买的关注和思考。

第三个新闻头条出现在 2017 年 6 月，由财政部发布的《关于坚决制止地

① 浙江省财政厅办公室. 浙江绍兴财政：政府购买服务实现多赢 [EB/OL]. 中华人民共和国财政部，2015 - 03 - 03.

方以政府购买服务名义违法违规融资的通知》（财预〔2017〕87号）引起，这是中央对地方违规举债行为的封堵，也是对政府购买服务的政策化规范，列出政府购买服务的负面清单，从中央政策上保障政府购买服务的健康有序发展。

由图2-11可以看出，资讯指数有三个峰值，分别出现在2017年第四季度、2019年第二季度和2019年第四季度。我们使用百度搜索引擎，将关键词限定为"政府购买服务"，时间限定为上面3个时段，站点来源限定为"gov.cn"，去探究峰值出现的原因。

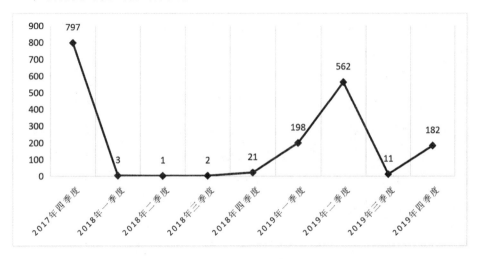

图2-11 政府购买服务资讯指数图

第一个峰值出现的原因与2017年10月26日财政部《关于政府购买服务信息平台运行管理有关问题的通知》（财综〔2017〕57号）出台密切相关，财综〔2017〕57号宣布了依托"中国政府采购网"创办的"中国政府购买服务信息平台"开通时间和管理细节，标志着政府购买服务也拥有了隶属中央部委管理的官方信息平台。

第二个峰值出现的原因与2017年11月13日中国政府购买服务信息平台转发全国妇联主办《中国妇女报》"积极推行政府购买服务 畅通社会救助的

'最后一公里'"一文有关，文章回顾了民政部社会救助司副司长蒋玮对民发〔2017〕153 号文件的解释，对政策进行了回顾。

第三个峰值出现的原因与 2019 年 6 月 12 日十部委联合发布《关于印发促进社会办医持续健康规范发展意见的通知》（国卫医发〔2019〕42 号）有关，国卫医发〔2019〕42 号文件提出要"推广政府购买服务。创新政府提供公共卫生服务方式，进一步加大政府购买服务力度。各地要于 2019 年年底前制定政府购买医疗卫生服务实施办法，明确购买服务的主体、内容、方式、程序和监督管理等细则"。

由图 2-12 可以看出，政府购买服务的新闻头条主要集中在 2016 年和 2017 年，其中头条 A、头条 I 和头条 J 值得格外关注。头条 A 出现的原因是 2015 年 1 月 21 日财政部有关负责人就《政府采购竞争性磋商采购方式管理暂行办法》《政府和社会资本合作项目政府采购管理办法》有关问题接受了记者采访。头条 I 是媒体对财预〔2017〕87 号文件出台后的集中报道，可以看出媒体对政府出台规范政府购买服务文件的高度重视。头条 J 出现的原因是财政部《关于推进政府购买服务第三方绩效评价工作的指导意见》（财综〔2018〕42 号）的出台。由此可见，当前我国政府购买服务属于政策引导型。

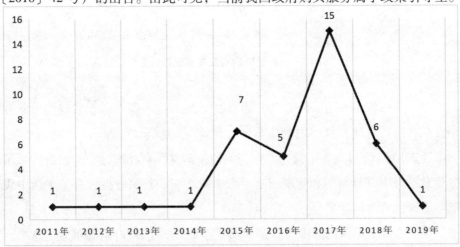

图 2-12 政府购买服务媒体指数图

二、政府购买公共体育服务的关注趋势

由图 2 - 13 可以看出，政府购买公共服务搜索指数在 2014 - 2016 年期间出现最高峰值，原因在于此时间段内的政策的强驱力，如 2014 年 10 月国发〔2014〕46 号文件提出通过政府购买服务支持健身消费；2016 年 04 月国办发〔2016〕27 号文件提出采取政府购买体育服务等方式建立社会力量支持学校体育发展；2016 年 06 月国发〔2016〕37 号文件提出通过政府购买服务等方式鼓励社会力量投资建设体育场地设施。在 2016 年系列政策的支持引导下，2017 年搜索指数均值较 2016 年有所回升。

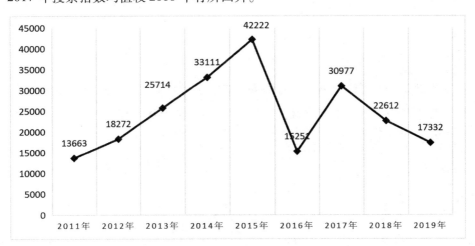

图 2 - 13　政府购买公共体育服务搜索指数图

由图 2 - 14 可以看出，政府购买公共服务资讯指数在 2019 年以后才整体持续上升，使用百度对"政府购买公共服务"进行搜索，限定站点为"gov. cn"发现各地在 2019 年陆续出台各地省市的政府购买公共体育服务的实施方案，政府购买公共体育服务开始全面展开。

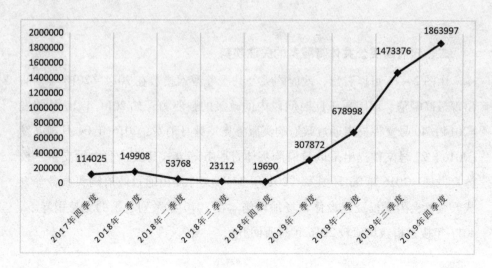

图 2 - 14　政府购买公共体育服务资讯指数图

由图 2 – 15 可以看出，政府购买公共服务媒体指数整体平稳，头条事件以体育事件为主，2015 年最高波峰出现的原因是《中共国家体育总局党组关于巡视整改情况的通报》公布，打破了以往金牌至上的政绩观。

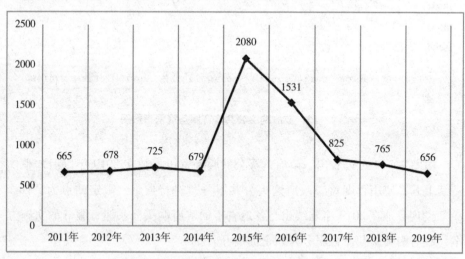

图 2 - 15　政府购买公共体育服务媒体指数图

三、政府购买公共文化服务的关注趋势

由图 2 – 16 可以看出，政府购买公共文化服务的搜索指数整体平缓，没有出现过多陡升陡降的情况，可以看出人们对文化关注相对持续和平缓。

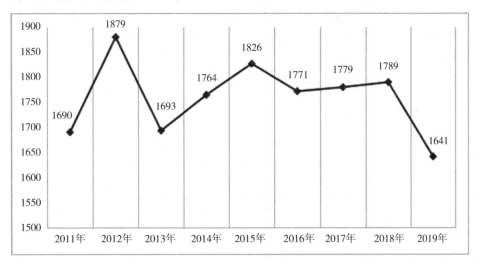

图 2 – 16　政府购买公共文化服务搜索指数图

由图 2 – 17 可以看出，2018 年 9 月以后政府购买公共文化服务资讯指数整体高于平均值，分析原因认为，与 2018 年 9 月 25 日，文化和旅游部《关于进一步推进政府向社会力量购买公共文化服务工作的意见》。（文旅财务发〔2018〕72 号）出台有关，文旅财务发〔2018〕72 号文件结合十九大提出了一些新要求和新指示。

由图 2 – 18 可以看出，政府购买公共服务媒体指数整体平稳，头条事件以文化事件为主，2014 年最高波峰出现的原因是文化部召开新闻发布会，对网络低俗现象进行治理。2016 年峰值出现的原因是考古学家在云南发现亚洲最早的和平文化遗址。

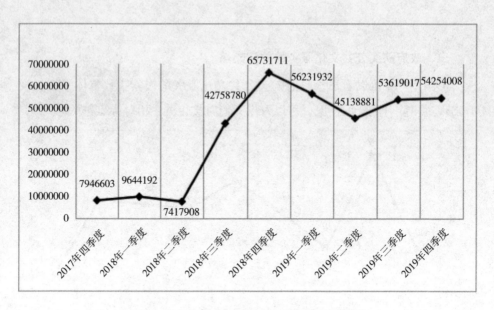

图 2-17 政府购买公共文化服务资讯指数图

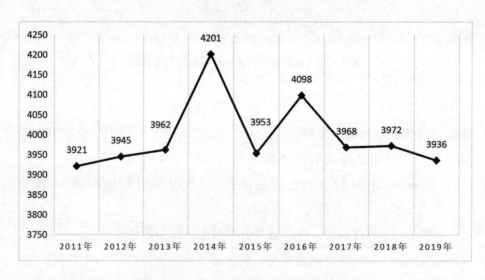

图 2-18 政府购买公共文化服务媒体指数图

四、政府购买服务的关注趋势对比分析

由图 2-19 可以看出：在搜索指数上，政府购买公共体育服务高于政府

购买公共文化服务；而在资讯关注上，民众对政府购买公共文化服务的资讯关注明显高于政府购买公共体育服务。

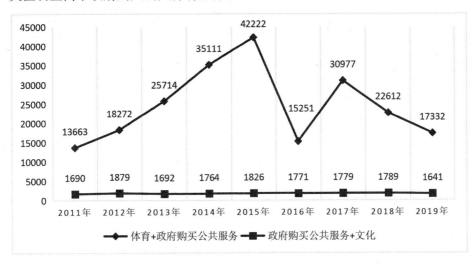

图 2 - 19　政府购买公共体育和文化服务搜索指数均值图

第三章

政府购买中小学生课外锻炼服务购买内容研究

第一节　政府购买课外锻炼服务内容概述

2011 年 12 月 28 日，教育部印发了《教育部关于印发义务教育语文等学科课程标准（2011 年版）的通知》（教基二〔2011〕9 号），其中包括当前仍在使用的《义务教育体育与健康课程标准（2011 年版）》（以下简称"课程标准（2011 年版）"）。课程标准（2011 年版）规定，在小学阶段要注重体育游戏学习，在初中阶段要注意不同运动项目运动技术的学习与应用。无论是在小学阶段还是在初中阶段，都要重视武术等民族民间传统体育活动项目的学习。

在掌握运动技能和方法上，课程标准（2011 年版）要求在水平一（1~2年级）学生初步学会小篮球、小足球、乒乓球等球类游戏，学习游泳基本动作，有条件的地区和学校学习冰上行走，学习体操和舞蹈基本动作，学习武术基本动作；课程标准（2011 年版）要求在水平二（3~4 年级）学生具有完成体育游戏的能力，初步掌握小篮球、小足球、羽毛球、乒乓球等球类活动，掌握体操、健美操、舞蹈基本动作，掌握游泳基本动作，掌握滑冰基本动作，掌握武术基本动作；课程标准（2011 年版）要求在水平三（5~6 年级）学生掌握小篮球、软式排球、小足球、羽毛球、乒乓球、短拍网球等球类运动技术组合，掌握体操简单技术组合，掌握游泳基本技术，掌握滑冰基本技术，掌握简单武术套路；课程标准（2011 年版）要求在水平四（7~9 年级）学生掌握应用田径技术，掌握篮球、排球、足球、羽毛球、乒乓球、网球等球类技术，掌握体操、健美操、舞蹈技术动作和组合动作，掌握其他泳姿和一定难度的滑冰技术，掌握武术技术组合。

课程标准（2011 年版）对水平四（7～9 年级）学生运动参与的目标是初步形成体育锻炼习惯，达到这个目标的具体体现是，7～9 年级的学生能够自觉上好体育与健康课，经常参加课外体育锻炼。

2017 年 12 月 29 日，教育部出台了《教育部关于印发〈普通高中课程方案和语文等学科课程标准（2017 年版）〉的通知》（教材〔2017〕7 号），其中包括最新版本的《普通高中体育与健康课程标准（2017 年版）》（以下简称"课程标准（2017 年版）"）。课程标准（2017 年版）在必修选学课程中规定：一是球类运动（包括足球、篮球、排球、乒乓球和羽毛球等项目），二是田径类运动（包括短跑、中长跑、跨栏、跳高、跳远等项目），三是体操类运动（包括体操、健美操、舞蹈等项目），四是水上或冰雪类运动（包括蛙泳、自由泳、滑冰等项目），五是武术与民族民间传统体育类运动。

根据教育部《义务教育体育与健康课程标准（2011 年版）》和《普通高中体育与健康课程标准（2017 年版）》的规定和政府购买中小学生课外锻炼服务的地方实践情况，本课题在现状调查中，将政府购买中小学生课外锻炼服务的购买内容设计为以下项目：A 足球、B 篮球、C 排球、D 田径、E 游泳、F 体操、G 武术、H 乒乓球、I 羽毛球、J 网球、K 健美操、L 滑冰、M 娱乐游戏、N 拓展训练、O 舞蹈、P 其他。

第二节　承接主体对购买内容的承接现状

承接主体承接了政府购买中小学生课外锻炼服务的哪些内容？这些内容的分布又是怎样的情况？如果将承接主体细分为体育类承接主体和非体育类承接主体，又将呈现出怎样的情况？带着这些疑问，课题组对承接主体进行了问卷调查，并带着这些问题对问卷结果进行了分析。

一、承接主体对购买内容的承接概况

从承接主体承接政府购买中小学生课外锻炼服务购买内容的整体情况看，篮球、足球和羽毛球是购买最多的三项运动，篮球项目占比14.3%，足球项目占比12.7%，羽毛球项目占比11.9%。从大类来看：球类运动占比59.3%（篮球项目位居第一，占比14.3%，足球项目位居第二，占比12.7%，羽毛球项目位居第三，占比11.9%，乒乓球项目位居第四，占比10.6%，排球项目位居第六，占比6.7%，网球项目位居第十一，占比3.1%）；体操类占比10.6%（健美操项目位居第九，占比4.7%，体操项目位居第十，占比4.5%，舞蹈项目位居第十六，占比1.4%）；田径类占比8.4%；水上或冰雪类占比8.4%（游泳项目位居第八，占比5.7%，滑冰项目位居第十二，占比2.7%）；拓展训练类占比6.7%；武术类占比2.5%（见图3-1）。由此可见，政府购买中小学生课外锻炼服务购买内容以球类运动为主，体操类为辅，武术类最少。

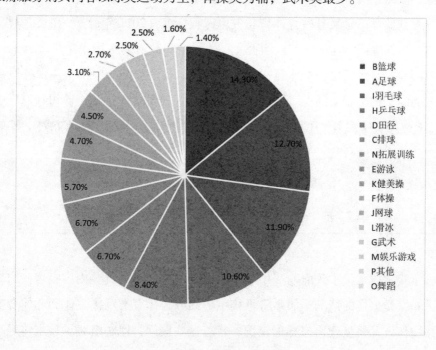

图3-1 承接主体承接购买内容占比图

　　从不同地域来看：华东地区承接前三的购买内容第一是篮球，第二是足球，第三是羽毛球；华北地区承接前三的购买内容第一是篮球，第二是羽毛球，第三是足球；华中地区承接前三的购买内容第一是足球，并列第二的有篮球、羽毛球和拓展训练，并列第三的有排球、游泳和乒乓球；华南地区承接前三的购买内容第一是篮球，第二是足球，并列第三的有乒乓球和羽毛球；西南地区承接前三的购买内容第一是乒乓球，第二是足球，第三是篮球；西北地区承接前三的购买内容第一是篮球，第二是羽毛球，并列第三的有足球和田径；西北地区承接前三的购买内容第一是足球，第二是拓展训练，并列第三的有篮球、排球、乒乓球和羽毛球（见图3-2）。各个地区承接前三的购买内容大体相似，只有西南地区稍微特殊，承接购买内容排名第一的项目是乒乓球。

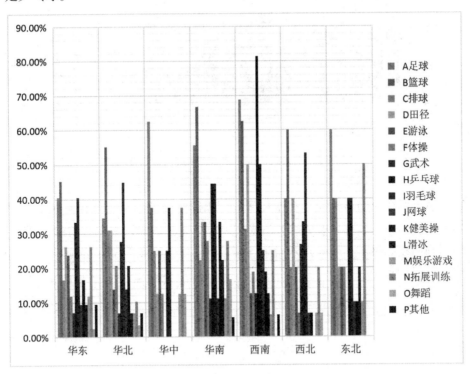

图3-2　不同地域承接主体承接购买内容的分布图

二、体育类承接主体对购买内容的承接现状

从体育类承接主体整体承接情况来看，体育类承接主体承接中小学生课外锻炼服务购买内容前五项的项目是篮球、足球、羽毛球、乒乓球和田径（见图3-3）。

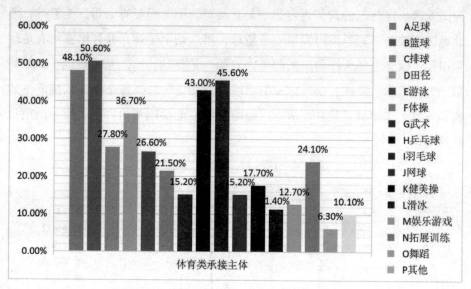

图3-3 体育类承接主体承接购买内容分布图

从不同性质的体育类承接主体来看，工商部门注册登记的体育企业承接政府购买中小学生课外锻炼服务的购买内容主要是篮球、田径、网球、滑冰，民政部门注册登记的体育社会组织承接政府购买中小学生课外锻炼服务的购买内容主要是排球、武术、乒乓球、健美操和娱乐游戏，体育事业单位承接政府购买中小学生课外锻炼服务的购买内容主要是足球、体操和拓展训练，见图3-4。

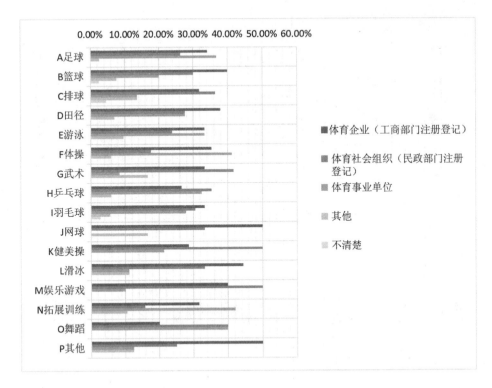

图3-4 不同性质体育类承接主体承接购买内容分布图

三、非体育类承接主体对购买内容的承接现状

非体育类承接主体承接政府购买中小学生课外锻炼服务的前五项内容是篮球、足球、羽毛球、乒乓球和拓展训练，见图3-5。

对体育类承接主体和非体育类承接主体项目进行对比，第1~4和12、13项相同，第5、第6、第7、第8、第9、第10、第11、第14、第15和第16项出现区别，见表3-1。由此可见，体育类与非体育类承接项目有所区别，但区别并不是很大。

对不同地域非体育类承接主体进行分析，在承接政府购买中小学生课外锻炼服务购买内容中，除承接体操项目华北地区第一，舞蹈项目华北和西北并列第一外，其他项目华东地区都位列第一。

表 3 - 1　体育类承接与非体育类承接主体项目对比表

	NO. 1	NO. 2	NO. 3	NO. 4	NO. 5	NO. 6	NO. 7	NO. 8	NO. 9	NO. 10	NO. 11	NO. 12	NO. 13	NO. 14	NO. 15	NO. 16
体育类承接主体	B 篮球 6.30%	A 足球 50.60%	I 羽毛球 48.10%	H 乒乓球 45.60%	D 田径 43.00%	C 排球 36.70%	E 游泳 27.80%	N 拓展训练 26.60%	F 体操 24.10%	K 健美操 21.50%	G 武术 17.70%	J 网球 15.20%	M 娱乐游戏 15.20%	L 滑冰 12.70%	P 其他 11.40%	O 舞蹈 10.10%
非体育类承接主体	B 篮球 0.00%	A 足球 55.90%	I 羽毛球 45.80%	H 乒乓球 42.40%	N 拓展训练 33.90%	D 田径 25.40%	C 排球 23.70%	K 健美操 20.30%	E 游泳 16.90%	F 体操 13.60%	L 滑冰 10.20%	J 网球 8.50%	M 娱乐游戏 6.80%	O 舞蹈 5.10%	G 武术 3.40%	P 其他 1.70%

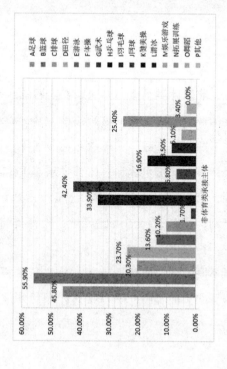

图 3 - 6　不同地域非体育类承接主体承接购买内容的分布图

图 3 - 5　非体育类承接主体承接购买内容分布图

第三节　中小学校对购买内容的实施现状

中小学校是实施政府购买中小学生课外锻炼服务的绝对主体，在这些中小学校里究竟实施了哪些课外锻炼内容？在体育类和非体育类项目上中小学生中又存在着哪些差异？带着这些疑问，课题组对中小学校相关人员进行了问卷调查，并在问卷分析中对这些问题进行一一解答。

一、中小学校对购买内容的实施概况

调查显示，中小学校实施政府购买中小学生课外锻炼服务内容排在前三的都是球类运动，第一是篮球、第二是足球、第三是乒乓球，见图 3 - 7。武术在购买内容中属于后几项运动，张峰等（2014）也提到原因：国家体育总局对我国武术教学现状调查结果显示有 70.3% 的学校未开设武术课。① 武术在教学中开设比例比较小，在政府购买服务中占比也不是很多。而在购买内容中滑冰是最低的，这在《义务教育体育与健康课程标准（2011 年版）》有所预判，原因在于滑冰对场地和气候有特殊要求，能够满足这些要求的中小学校相对较少。

将承接主体承接的购买内容和中小学校实施的购买内容进行对比，得到图 3 - 8。我们可以看出，承接主体承接的热门内容与中小学校实施的热门内容基本上是一致的，由此可以推断，中小学校实施的购买内容与承接主体承接的购买内容密切相关，承接情况直接影响到实施情况。

---

① 张峰，赵光圣，吉洪林. 回归武术之本真——从技术取向再论我国中小学武术课程设计 [J]. 上海体育学院学报，2014，38（3）：41 - 45.

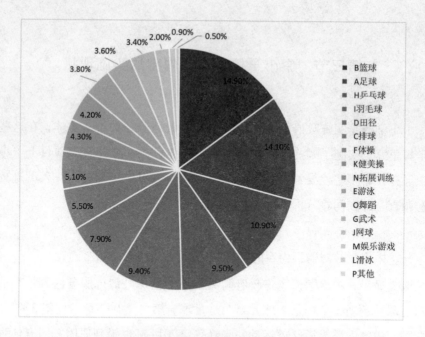

图3-7 中小学校实施购买内容占比图

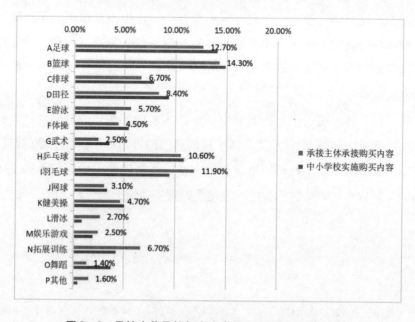

图3-8 承接主体承接与中小学校实施购买内容对比图

我们将不同性质中小学校与实施购买内容进行交叉，得到图3-9。由图可以看出：在小学，实施热门度比较高的项目是篮球、足球、田径、乒乓球和羽毛球；在初级中学，实施热门度比较高的项目是篮球、足球、乒乓球、羽毛球和田径；在高级中学，实施热门度比较高的项目是足球、篮球、乒乓球、排球和羽毛球。对比来看，热门项目基本一致，只是随着年级的变化对热门项目的偏爱度有所变化。而在职业高中和中等专业学校中实施的项目较之前三类学校都不是很齐全，所以整体来看，实施购买内容主体还是小学、初级中学和高级中学这些中小学校为主，职业高中和中等专业学校在政府购买中小学生课外锻炼服务体系和规模上都有所欠缺。

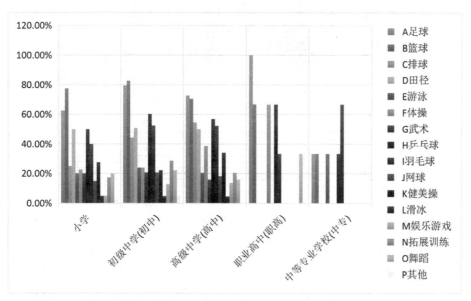

图3-9　不同性质中小学校实施购买内容情况图

二、体育类中小学校对购买内容的实施现状

通过不同类型体育类中小学校与实施购买内容的交叉得到图3-10。由图可以看出，从政府购买中小学生课外锻炼服务内容的完整度来看，中专体校是购买内容最完备的，而业余体校存在购买内容不完备的问题。从购

买的热门项目来看，业余体校、中专体校和体育传统项目学校排在前两位的热门项目都是足球和篮球，而少体校略有不同，排在前两位的热门项目是足球和乒乓球。

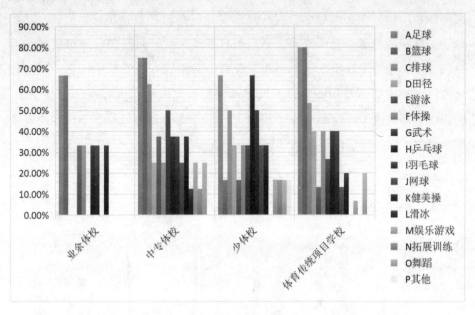

图3-10 不同类型体育类中小学校实施购买内容情况图

通过对不同办学性质体育类中小学校与实施购买内容的交叉得到图3-11。由图可以发现，公办学校实施购买内容的项目是最完备的，而在私立学校中缺少滑冰和拓展训练项目。从实施项目的热门程度来看，公办学校实施购买内容最热门的项目是足球，其次是篮球，再次是排球，即传统的足篮排三大球，第四项是乒乓球，球类运动占据前四名。私立学校在项目热门程度上没有公办学校差距大，热门项目除传统的足篮排三大球外，并列第一的另一项目是游泳，由此可见，游泳是私立学校中政府购买中小学生课外锻炼服务的重要内容。

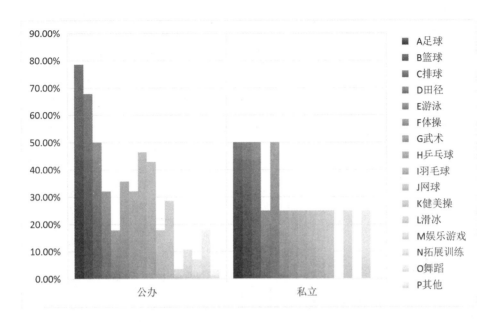

图 3 - 11 不同办学性质体育类中小学校实施购买内容情况图

通过不同地域体育类中小学校与实施购买内容的交叉得到图 3 - 12。由图可以发现,华中地区是实施购买内容最为完善的地区,华中地区实施购买内容四大热门项目是排球、武术、羽毛球和健美操。从各个地区对比来看,华中地区是实施购买武术项目比例最高的地区,华中地区的体育类学校中 100％的学校实施了武术项目。华中地区实施武术项目的热情,在现有的研究中也能得到佐证,2005 年国家体育总局武术研究院重大研究项目《关于学校武术教育改革与发展的研究》课题组对全国 7 个地区武术教育状况进行调查,调查结果显示:华中地区武术课的开设情况最好,华北次之,开课情况与各地区武术的传统与氛围有密切关系①。当然,在 15 年后的今天,也出现了一些新的变化,可以看到华北地区在实施购买武术上不及华东地区,调查结果显示,华东地区内的体育类学校中 75％的学校实施了武

---

① 《关于学校武术教育改革与发展的研究》课题组. 我国中小学武术教育状况调查研究 [J]. 体育科学,2009,29 (3):82 - 89.

术项目。再进一步解读数据，发现东北地区实施购买内容项目最不齐全，而且以传统的足篮球作为热门实施项目，与华北地区较为相似，但与其他地区相差较大。华东地区除足球外实施的另一热门项目是武术，华中地区足篮都不是实施的热门项目，华南地区除足篮球外实施的热门项目还有体操和乒乓球，西南地区实施的热门项目是乒乓球和舞蹈，西北地区实施的热门项目是排球和体操。

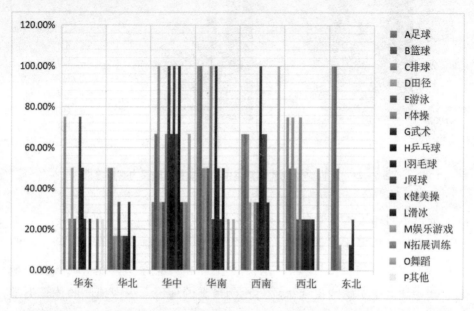

图 3-12　不同地域体育类中小学校实施购买内容情况图

三、非体育类中小学校对购买内容的实施现状

通过数据筛查，筛除掉体育类中小学校的数据，留下非体育类中小学校。通过是否是重点的非体育类学校与实施购买内容进行交叉得到图 3-13。由图可以看出，是否是重点的非体育类学校对实施购买内容的热门项目影响不大，对政府购买中小学生课外锻炼服务与非体育类中小学校是否是重点学校在项目投入上区分度不高。

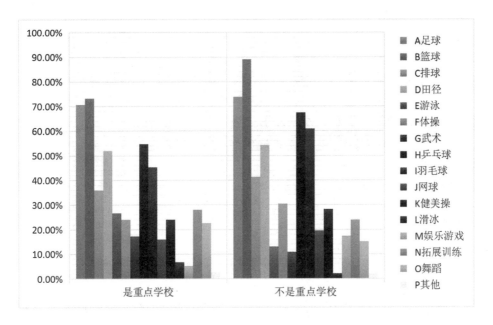

图 3 - 13　是否是重点的非体育类中小学校实施购买内容情况图

通过不同重点类型非体育类中小学校与实施购买内容的交叉得到图 3
－14。由图可以看出，在不同重点类型非体育类中小学校上，实施购买
内容排名前三的项目出现了区别。省（自治区、直辖市）重点的非体育
类学校实施购买内容排名前三的项目是篮球、足球和乒乓球；市区级重点
的非体育类学校实施购买内容排名前三的项目是足球、篮球和乒乓球，足
球和篮球的实施情况相似，不像省级重点学校篮球领先足球；区（县）
级重点的非体育类学校实施购买内容排名前三的项目是篮球、足球和田
径，田径运动在区（县）级重点的实施程度高于省级重点学校和市区级
重点学校。

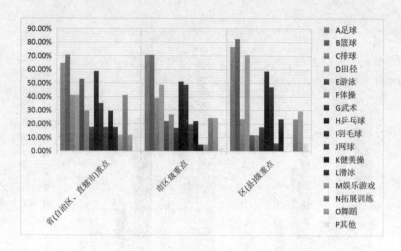

图 3 – 14　不同重点类型非体育类中小学校实施购买内容情况图

通过不同地域非体育类中小学校与实施购买内容的交叉，得到图 3 – 15。由图可以看出，篮球在各个地区都是最热门的实施内容，但在各个地区又有一些细微的差异，华东、华北地区非体育类学校实施购买足球和篮球内容并列，西北地区非体育类学校实施购买田径和篮球内容并列，华中、华南、东北地区非体育类学校实施购买篮球内容远高于其他体育项目。

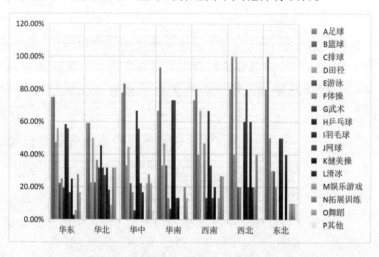

图 3 – 15　不同地域非体育类学校实施购买内容情况图

第四节　学生家长对政府购买内容的认知现状

　　为了更加摸清政府购买中小学生课外锻炼服务的购买内容现状，课题组不仅从承接主体角度调查了对购买内容的承接现状、从中小学校角度调查了对购买内容的实施现状，还从学生家长角度调查了对购买内容的认知现状。

一、学生家长对子女所在学校购买内容的认知概况

　　从学生家长对子女所在学校实施中小学生课外锻炼服务购买内容的现状调查来看，在家长认知中，子女所在学校实施购买内容的比重见图 3－16。由图可知，热门的前六项项目是足球、篮球、乒乓球、田径、羽毛球和排球。在热门项目上，与对承接主体的问卷调查结果和中小学校问卷调查的结果一致，由此，在不考虑项目实施程度的顺序上，我国政府购买中小学生课外锻炼服务购买内容从承接主体角度、从中小学校角度、从学生家长角度，都表明购买的热门项目是足球、篮球、乒乓球、羽毛球和排球等球类运动和田径运动。

　　为进一步了解中小学生实施与学生家长认知上是否存在较大偏差，对实施情况和认知情况进行对比得到图 3－17。由图可以看出，在足球、篮球、排球、羽毛球、健美操项目上，学生家长认知中的比例比中小学校实际实施的比例要低，而在滑冰、拓展训练、舞蹈项目上学生家长认知中的比例比中小学校实际实施的比例要高，在田径、乒乓球和网球项目上学生家长认知中的比例与中小学校实际实施的比例相差不多。

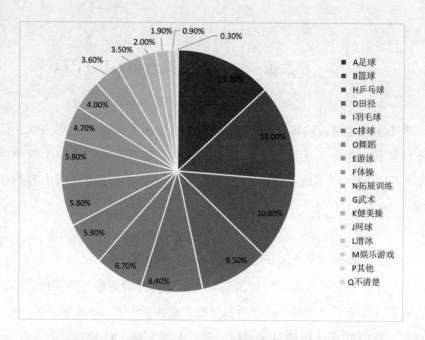

图3-16 学生家长对子女所在学校实施购买内容的认知图

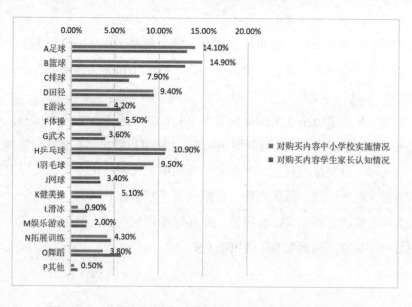

图3-17 对购买内容中小学校实施与学生家长认知的对比图

通过对子女所在不同学校与购买内容进行交叉得到图 3 - 18。由图可以看出，在家长的认知中，职业高中实施购买内容项目不齐全，在小学、初级中学和高级中学实施购买内容的项目比较完备。在家长认知里，小学按顺序实施的六大购买内容依次是足球、篮球、乒乓球、田径、羽毛球和游泳；在家长认知里，初级中学按顺序实施的六大购买内容依次是篮球、足球、乒乓球、田径、羽毛球和排球；在家长认知里，高级中学按顺序实施的六大购买内容依次是田径、篮球、足球、排球、乒乓球和羽毛球。由此可见，在小学和初级中学，子女所在学校购买内容热门项目相差不大，在高级中学，田径却异军突起，成为在各个年级和不同项目中占比最高的存在。田径类运动项目与生活密切相关。运动会上田径类项目是参赛运动员最多的项目[①]。由此可以推断，高中时期运动会的增多，是高级中学实施购买田径内容更多的原因。

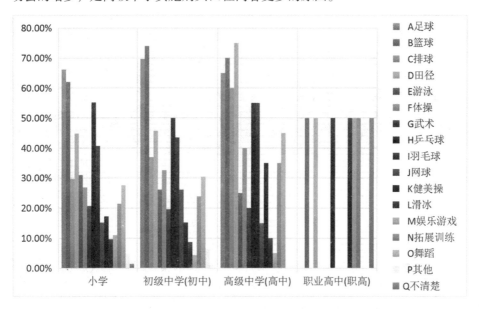

图 3 - 18　家长对子女所在不同中小学校实施购买内容认知图

---

① 柴娇，林加彬. 我国中小学生体育运动项目学习兴趣变化规律研究 [J]. 沈阳体育学院学报，2018，37（2）：80 - 88.

二、学生家长对子女所在体育类学校购买内容的认知现状

为了更好地厘清学生家长对子女所在体育类与非体育类学校的认知状况，将子女所在学校拆成体育类与非体育类进行分析。通过子女所在不同类型体育类学校与实施购买内容的交叉得到图3－19。由图可以看出在学生家长认知中各个体育类学校中实施购买内容项目都有所缺失，业余体校和体育传统项目学校实施购买内容项目相对齐全。在学生家长认知中，业余体校和中专体校中实施购买内容最热门的项目是篮球，少体校实施购买内容最热门的项目是田径，体育传统项目学校实施购买内容最热门的项目是足球。

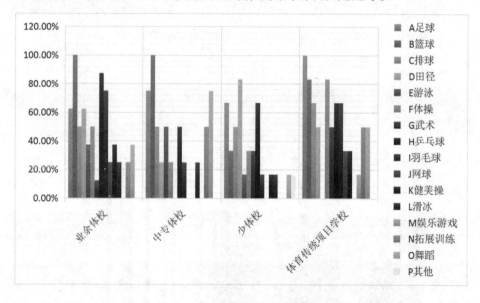

图3－19　家长对子女所在不同类型体育类学校实施购买内容认知图

通过对不同办学性质体育类中小学校与实施购买内容的交叉得到图3－20。由图可以发现，在学生家长认知中，公办学校实施购买内容的热门项目是足球、篮球、乒乓球、田径、排球、体操和羽毛球，与整体的情况相差不大。而在学生家长认知中，私立学校实施购买内容非常少，仅有篮球和乒乓球。

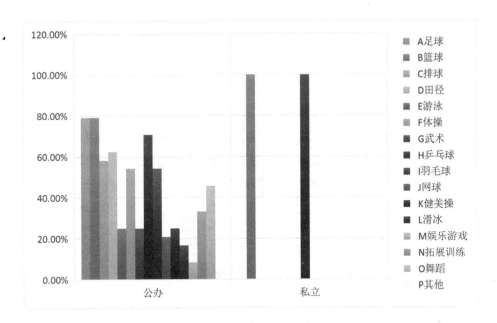

图 3 – 20 家长对子女所在不同办学性质体育类中小学校实施购买内容认知图

通过对不同地域体育类中小学校与实施购买内容的交叉得到图 3 – 21。由图可以发现，在学生家长认知中，西南地区是实施购买内容项目最齐全的地区，东北地区项目最不齐全。在学生家长认知中，华东地区实施购买内容热门的项目是田径，华北地区实施购买内容热门的项目是篮球和乒乓球，华南地区实施购买内容热门的项目由篮球、足球、排球、游泳和体操并列组成，西北地区实施购买内容热门的项目由篮球、田径、体操、乒乓球和羽毛球并列组成，西北地区实施购买内容热门的项目由足球、篮球、乒乓球、羽毛球、拓展训练和舞蹈并列组成，东北地区实施购买内容热门的项目由足球、篮球、乒乓球并列组成。

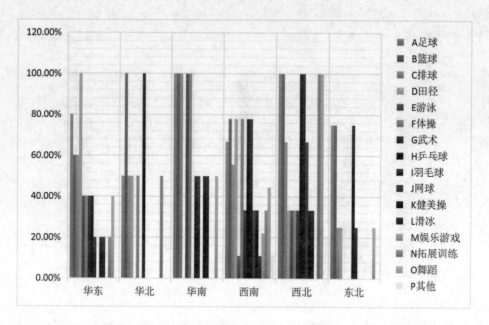

图 3-21　家长对子女所在不同地域体育类中小学校实施购买内容认知图

三、学生家长对子女所在非体育类中小学校购买内容的认知现状

通过数据筛查，筛除掉体育类中小学校的数据，留下非体育类中小学校。通过对是否是重点学校与实施购买内容进行交叉，得到图 3-22。由图可以看出，在学生家长认知中，是否是重点学校对实施政府购买内容热门项目差距不大，但会影响到实施的比例。

通过对不同重点类型非体育类中小学校与实施购买内容的交叉，得到图 3-23。由图可以看出，在不同重点类型上，实施购买内容排名前五的项目都是一致的，都是足球、篮球、乒乓球、田径、羽毛球。由此可见，在学生家长的认知中，不论是省级重点、市级重点还是区级重点，中小学校实施购买内容的热门项目是一样的。

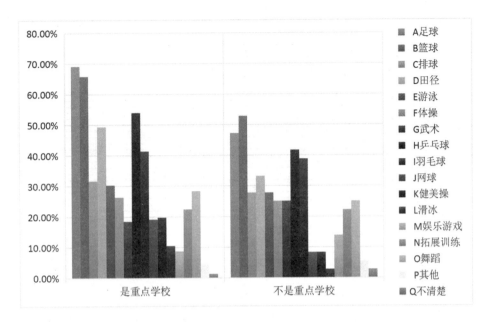

图 3 – 22　家长对子女所在是否重点的非体育类中小学校实施购买内容认知图

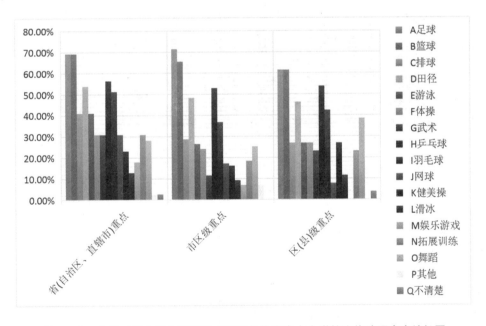

图 3 – 23　家长对子女所在不同重点类型非体育类中小学校实施购买内容认知图

通过对不同地域非体育类中小学校与实施购买内容的交叉得到图 3 – 24。由图可以看出，在不同地区的学生家长认知中，当地的子女所在非体育类学校实施购买内容有一些细微的区别。在华东地区的学生家长认知中，本地区篮球项目是实施最热门的项目，其次是足球；在华中地区和华南地区的学生家长认知中，本地区实施的热门项目都是足球、篮球和乒乓球；在西南地区的学生家长认知中，本地区实施的项目中足球、篮球最热门，乒乓球在热度上差一些；在西北地区和东北的学生家长认知中，本地区足球项目是实施最热门的项目，其次是篮球。

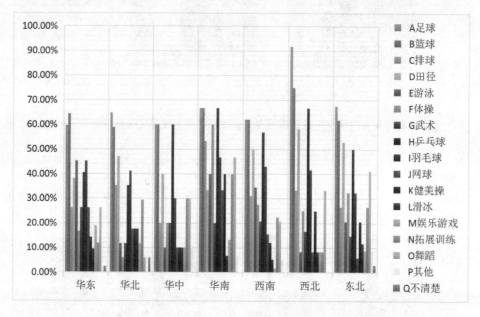

图 3 – 24 不同地域家长对子女所在非体育类中小学校实施购买内容情况图

62

第四章

政府购买中小学生课外锻炼服务承接现状研究

第一节　社会力量承接政府购买中小学生课外锻炼服务的类型

本部分所探讨的社会力量是指依法在民政部门登记成立或经国务院批准免予登记的社会组织，以及依法在工商管理或行业主管部门登记成立的企业和机构等①。调查结果显示，在不同单位性质社会力量承接政府购买中小学生课外锻炼服务中，承接排在前三的依次是私营企业（42.0%）、事业单位（22.5%）和国有企业（18.8%）。社会组织在承接政府购买中小学生课外锻炼服务的单位性质中仅占7.2%，在2014年10月《财政部　民政部关于支持和规范社会组织承接政府购买服务的通知》就已经发布，由此可见当前社会组织在承接政府购买中小学生课外锻炼服务中没有发挥出应有的作用（图4-1）。

将社会力量进行细分，可以分为两个类型，即体育类组织和非体育类组织。调查结果显示，体育类组织承接过政府购买中小学生课外锻炼服务的情况（44.1%）高于非体育类组织的承接情况（24.0%），体育类组织中承接过和没承接过政府购买中小学生课外锻炼服务的情况大致相当，而非体育类组织相差较大，没承接过的情况比承接过高出30.5%，由此可见，当前在承接政府购买中小学生课外锻炼服务的社会力量类型上以体育类组织为主（表4-1）。

---

① 国务院办公厅. 国务院办公厅关于政府向社会力量购买服务的指导意见［EB/OL］. 中国政府网，2013-09-30.

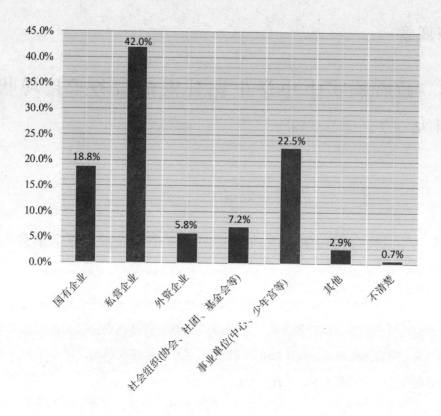

图 4 - 1　不同单位性质社会力量承接政府购买中小学生课外锻炼服务的示意图

表 4 - 1　不同组织性质社会力量承接政府购买中小学生课外锻炼服务的情况表

	承接过政府购买中小学生课外锻炼服务	没承接过政府购买中小学生课外锻炼服务	不清楚	总计	x^2	P 值
体育类组织	44.1%	46.4%	9.5%	100.0%	23.419	0.000
非体育类组织	24.0%	54.5%	21.5%	100.0%		

　　根据 2014 年 2 月《体育总局行政审批事项公开目录》中审批对象"事业单位、企业、社会组织"的表述，将体育类组织的类型细分为体育社会组织、体育企业和体育事业单位，进一步明确承接政府购买中小学生课外锻炼服务

的体育类组织类型情况。调查结果显示，在不同性质体育类组织中，承接政府购买中小学生课外锻炼服务最多的是体育事业单位（62.5%），其次是民政部门注册登记的体育社会组织（47.7%），最后是工商部门注册登记的体育企业（36.4%）。由此可见，具体到体育类组织中，与整体单位性质中的承接情况有所差异，体育事业单位取代体育企业成为承接政府购买中小学生课外锻炼服务首要的体育类组织类型（表4-2）。

表4-2　不同性质体育类组织承接政府购买中小学生课外锻炼服务的情况表

	承接过政府购买中小学生课外锻炼服务	没承接过政府购买中小学生课外锻炼服务	不清楚	总计	x^2	P 值
体育企业（工商部门注册登记）	36.4%	50.6%	13.0%	100.0%		
体育社会组织（民政部门注册登记）	47.7%	47.7%	4.5%	100.0%	15.970	0.043
体育事业单位	62.5%	32.5%	5.0%	100.0%		

第二节　社会力量承接政府购买中小学生课外锻炼服务的内容

根据教育部《义务教育体育与健康课程标准（2011 年版）》和《普通高中体育与健康课程标准（2017 年版）》的规定及政府购买中小学生课外锻炼服务的地方实践情况，本书在现状调查中，将政府购买中小学生课外锻炼服务购买内容设置为 A 足球、B 篮球、C 排球、D 田径、E 游泳、F 体操、G 武术、H 乒乓球、I 羽毛球、J 网球、K 健美操、L 滑冰、M 娱乐游戏、N 拓展训练、O 舞蹈、P 其他。调查结果显示，社会力量承接政府购买中小学生课外锻炼服务排在前四的内容是篮球（52.9%）、足球（47.1%）、羽毛球（44.2%）和乒乓球（39.1%）。由此可见，社会力量承接政府购买中小学生课外锻炼服务的内容以球类运动为主，主要是篮球、足球、羽毛球和乒乓球（图 4 - 2）。

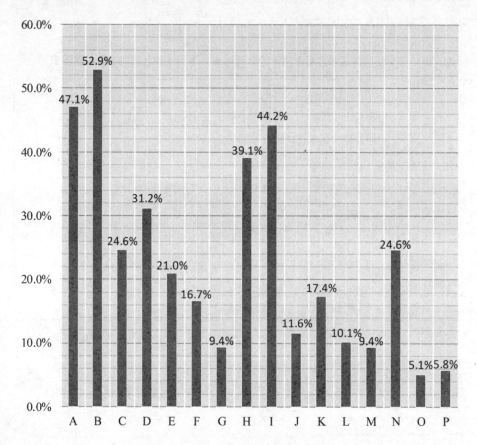

图 4 - 2　社会力量承接政府购买中小学生课外锻炼服务的内容示意图

　　进一步研究发现，不同单位性质社会力量在承接政府购买中小学生课外锻炼服务的内容上有显著性差异，$x^2 = 136.334$，在 0.05 的显著性下 P 值 = 0.004。调查结果显示，国有企业承接政府购买中小学生课外锻炼服务排在前四的内容是篮球（53.8%）、足球（42.3%）、羽毛球（42.3%）和乒乓球（38.5%）；私营企业承接政府购买中小学生课外锻炼服务排在前四的内容是篮球（53.4%）、足球（39.7%）、羽毛球（34.5%）和拓展训练（31.0%）；外资企业承接政府购买中小学生课外锻炼服务排在前四的内容是篮球（62.5%）、健美操（62.5%）、足球（50.0%）和排球（50.0%）；社会组织承接政府购买中小学生课外锻炼服务排在前四的内容是羽毛球（70.0%）、足球（60.0%）、田径（60.0%）和乒乓球（60.0%）；事业单位承接政府购买中小学生课外锻炼服务排在前四的内容是足球（58.1%）、乒乓球（51.6%）、羽毛球（51.6%）和篮球（48.4%）。由此可见，在承接政府购买中小学生课外锻炼服务的主要内容上，国有企业、外资企业和事业单位承接的都是球类运动，私营企业除球类运动外还主要承接拓展训练，社会组织除球类运动外还主要承接田径运动（表4-3）。

表4-3　不同单位性质社会力量承接政府购买中小学生课外锻炼服务的内容情况表

	A	B	C	D	E	F	G	H	I	J	K	L	M	N	O	P	x^2	P值
国有企业	42.3%	53.8%	19.2%	19.2%	15.4%	15.4%	7.7%	38.5%	42.3%	7.7%	11.5%	7.7%	11.5%	11.5%	7.7%	3.8%		
私营企业	39.7%	53.4%	17.2%	22.4%	20.7%	15.5%	5.2%	25.9%	34.5%	12.1%	12.1%	8.6%	3.4%	31.0%	3.4%	8.6%		
外资企业	50.0%	62.5%	50.0%	37.5%	12.5%	0.0%	12.5%	37.5%	37.5%	25.0%	62.5%	12.5%	12.5%	0.0%	0.0%	0.0%		
社会组织（协会、社团、基金会等）	60.0%	50.0%	40.0%	60.0%	10.0%	10.0%	20.0%	60.0%	70.0%	20.0%	30.0%	20.0%	50.0%	30.0%	0.0%	0.0%	136.334	0.004
事业单位（中心、少年宫等）	58.1%	48.4%	25.8%	38.7%	29.0%	25.8%	9.7%	51.6%	51.6%	6.5%	19.4%	9.7%	6.5%	25.8%	9.7%	3.2%		

进一步研究发现，社会力量是否是体育类组织在承接政府购买中小学生课外锻炼服务的内容上也有显著性差异，$x^2=31.163$，在0.05的显著性下，P值=0.013。调查结果显示，非体育类组织承接篮球的比例（55.9%）高于体育类组织承接篮球的比例（50.6%），非体育类组织承接拓展训练的比例（25.4%）高于体育类组织承接拓展训练的比例（24.1%），除此之外体育类组织承接项目所占比例都高于非体育类组织。由此可见，非体育类组织在承

接篮球和拓展训练项目上略有优势（表4－4）。

表4－4 不同组织性质社会力量承接政府购买中小学生课外锻炼服务的内容情况表

	A	B	C	D	E	F	G	H	I	J	K	L	M	N	O	P	x^2	P值
体育类组织	48.1%	50.6%	27.8%	36.7%	26.6%	21.5%	15.2%	43.0%	45.6%	15.2%	17.7%	11.4%	12.7%	24.1%	6.3%	10.1%	31.163	0.013
非体育类组织	45.8%	55.9%	20.3%	23.7%	13.6%	10.2%	1.7%	33.9%	42.4%	6.8%	16.9%	8.5%	5.1%	25.4%	3.4%	0.0%		

第三节 社会力量承接政府购买中小学生课外锻炼服务的形式

据教育部《加强和改进学校体育工作》专栏的案例显示，上海市构建由体育课、体育活动课、体育社团、体育俱乐部、高水平运动队等构成的完整体育课程模式，广东以省级运动会为平台激发师生参与体育运动的热情，宁夏构建体现地方和学校特色的学生竞赛体系①。结合以上现实案例，本书将社会力量承接政府购买中小学生课外锻炼服务的形式归纳为组织比赛、课程授课、运动训练、素质拓展和社团活动。调查结果显示，社会力量承接政府购买中小学生课外锻炼服务的形式主要是组织比赛（64.5%）和运动训练（63.8%），承接形式中排在最后的是社团活动（37.7%）。这与《教育部关于印发中小学德育工作指南的通知》（教基〔2017〕8号）中的要求"充分利用课后时间组织学生开展丰富多彩的科技、文娱、体育等社团活动，创新学生课后服务途径"② 存在现实差异，由此可见，社会力量承接政府购买中小学生课外锻炼服务的形式应该向社团活动倾斜（图4－3）。

---

① 综政司. 让体育课更完备、更有趣、更有效［EB/OL］. 中华人民共和国教育部，2015－01－08.

② 教育部关于印发《中小学德育工作指南》的通知［EB/OL］. 中华人民共和国教育部，2017－08－22.

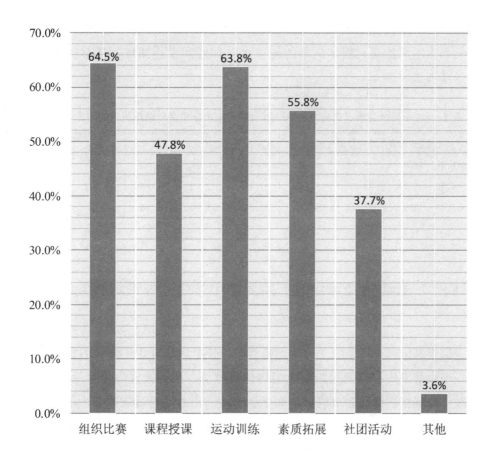

图 4 - 3 社会力量承接政府购买中小学生课外锻炼服务的形式示意图

进一步研究发现，从事不同青少年体育服务情况的社会力量在承接政府购买中小学生课外锻炼服务的形式上有显著性差异，$x^2 = 47.477$，在 0.05 的显著性下 P 值 = 0.000。调查结果显示，经常从事青少年体育服务的社会力量承接政府购买中小学生课外锻炼服务的形式主要是组织比赛（71.8%），偶尔从事青少年体育服务的社会力量承接政府购买中小学生课外锻炼服务的形式主要是运动训练（57.1%）和素质拓展（57.1%），从不从事青少年体育服务的社会力量承接政府购买中小学生课外锻炼服务的形式主要是运动训练（66.7%）。由此可见，从事不同青少年体育服务情况的社会力量承接政府购买中小学生课外锻炼服务的形式各有侧重，经常从事的侧重组织比赛，偶尔从事的侧重运动训练和素质拓展，从不从事的侧重运动训练（表4-5）。

表4-5 不同服务情况社会力量承接政府购买中小学生课外锻炼服务的形式情况表

	组织比赛	课程授课	运动训练	素质拓展	社团活动	其他	x^2	P 值
经常从事	71.8%	53.8%	67.9%	55.1%	41.0%	5.1%		
偶尔从事	55.4%	41.1%	57.1%	57.1%	32.1%	0.0%	47.477	0.000
从不从事	33.3%	0.0%	66.7%	33.3%	33.3%	0.0%		

第四节　社会力量承接政府购买中小学生课外锻炼服务的时间

据中共中央、国务院《关于加强青少年体育增强青少年体质的意见》要求：中小学下午课后要组织学生集体体育锻炼、实行大课间体育活动制度；学校体育场馆在课余和节假日应向学生开放。由此结合政府购买中小学生课外锻炼服务的实际情况，本书将社会力量承接政府购买中小学生课外锻炼服务的时间分为大课间、下午课后、周末、节假日。

调查结果表明，社会力量承接政府购买中小学生课外锻炼服务的时间按占比排序依次为周末（55.1%）、下午课后（48.6%）、节假日（30.4%）和大课间（26.1%）。由此可见，社会力量承接政府购买中小学生课外锻炼服务的时间偏好整段的时间，以周末和下午课后为主（图4-4）。

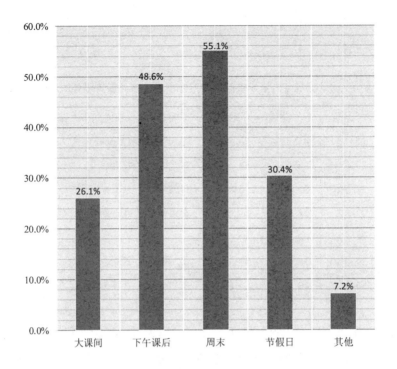

图 4 - 4 社会力量承接政府购买中小学生课外锻炼服务的时间示意图

承接时间选择在周末，是对中小学生除周一至周五外体育锻炼渠道的补充，有利于校内校外比赛的组织、运动训练的进行、素质拓展的开展，有利于中小学生体育锻炼习惯的养成和整体体育素养的提升；承接时间选择在下午课后，既响应国家政策解决了中小学生课后托管服务的问题，又充分照顾到各个利益主体，将政府购买课外锻炼服务的意义和价值凸显出来。

进一步研究发现，不同地域社会力量在承接政府购买中小学生课外锻炼服务的时间上有显著性差异，$x^2 = 48.710$，在 0.05 的显著性下 P 值 = 0.017。调查结果显示，承接时间以周末为主的地区有华东（54.8%）、华中（50.0%）、华南（61.1%）和西北（53.3%），承接时间以下午课后为主的地区有西南（68.8%）和东北（70.0%），承接时间以周末和下午课后为主的地区有华北地区（58.6%）。由此可见，不同地区承接政府购买中小学生课外锻炼服务的时间有两大侧重，华东、华中、华南和西北侧重周末，西南和东北侧重下午课后（表4-6）。

表4-6 不同地域社会力量承接政府购买中小学生课外锻炼服务的时间情况表

	大课间	下午课后	周末	节假日	其他	x^2	P值
华东	14.3%	45.2%	54.8%	42.9%	19.0%		
华北	27.6%	58.6%	58.6%	17.2%	0.0%		
华中	37.5%	25.0%	50.0%	37.5%	0.0%		
华南	27.8%	38.9%	61.1%	44.4%	0.0%	48.710	0.017
西南	37.5%	68.8%	43.8%	6.3%	6.3%		
西北	20.0%	26.7%	53.3%	40.0%	6.7%		
东北	50.0%	70.0%	60.0%	10.0%	0.0%		

在明确社会力量承接政府购买中小学生课外锻炼服务的时间后，进一步研究发现，不同承接时间在承接内容上存在显著性差异，$x^2 = 217.727$，在0.05的显著性下P值=0.000。调查结果显示：承接时间为大课间时，承接政府购买中小学生课外锻炼服务排在前四的内容是足球（72.2%）、羽毛球（63.9%）、篮球（61.1%）和乒乓球（55.6%）；承接时间为下午课后时，承接政府购买中小学生课外锻炼服务排在前四的内容是篮球（59.7%）、足球（58.2%）、羽毛球（50.7%）和乒乓球（46.3%）；承接时间为周末时，承接政府购买中小学生课外锻炼服务排在前四的内容是篮球（55.3%）、足球（48.7%）、羽毛球（46.1%）和乒乓球（35.5%）；承接时间为节假日时，承接政府购买中小学生课外锻炼服务排在前四的内容是篮球（52.4%）、羽毛球（45.2%）、拓展训练（40.5%）和足球（38.1%）。由此可见，承接时间为周末和下午课后时承接的热门内容一致，热门程度依次都是篮球、足球、羽毛球和乒乓球，承接时间为大课间时足球成为最热门的承接内容，承接时间为节假日时拓展训练成为热门承接内容之一（表4-7）。

表4-7　不同承接服务时间社会力量承接政府购买中小学生课外锻炼服务的内容情况表

	A	B	C	D	E	F	G	H	I	J	K	L	M	N	O	P	x^2	P值
大课间	72.2%	61.1%	47.2%	38.9%	25.0%	22.2%	8.3%	55.6%	63.9%	27.8%	33.3%	19.4%	16.7%	25.0%	11.1%	5.6%		
下午课后	58.2%	59.7%	34.3%	38.8%	26.9%	23.9%	13.4%	46.3%	50.7%	20.9%	28.4%	13.4%	13.4%	23.9%	6.0%	9.0%	217.727	0.000
周末	48.7%	55.3%	23.7%	30.3%	22.4%	19.7%	10.5%	35.5%	46.1%	13.2%	17.1%	14.5%	10.5%	31.6%	3.9%	7.9%		
节假日	38.1%	52.4%	23.8%	35.7%	28.6%	19.0%	11.9%	33.3%	45.2%	9.5%	19.0%	14.3%	7.1%	40.5%	7.1%	14.3%		

再进一步研究发现，不同承接时间在承接形式上也存在显著性差异，$x^2 = 94.764$，在0.05的显著性下P值=0.000。调查结果显示：承接时间为大课间时，最常采用的承接形式是运动训练（77.8%）；承接时间为下午课后时，最常采用的承接形式是运动训练（73.1%）；承接时间为周末时，常采用的承接形式是组织比赛（69.7%）和素质拓展（69.7%）；承接时间为节假日时，常采用的承接形式是组织比赛（73.8%）和运动训练（73.8%）。由此可见，承接时间为大课间和下午课后时最常采用的承接形式是运动训练，承接时间为节假日时除运动训练外最常采用的承接形式是组织比赛，承接时间为周末时除组织比赛外最常采用的承接形式是素质拓展（表4-8）。

表4-8　不同承接服务时间社会力量承接政府购买中小学生课外锻炼服务的形式情况表

	组织比赛	课程授课	运动训练	素质拓展	社团活动	其他	x^2	P值
大课间	61.1%	50.0%	77.8%	72.2%	52.8%	5.6%		
下午课后	70.1%	49.3%	73.1%	55.2%	46.3%	7.5%	94.764	0.000
周末	69.7%	48.7%	61.8%	69.7%	38.2%	3.9%		
节假日	73.8%	66.7%	73.8%	69.0%	38.1%	9.5%		

第五节　社会力量承接政府购买中小学生课外锻炼服务的方式

根据国办发〔2013〕96号、财综〔2014〕96号、国办发〔2015〕37号等相关政策文件的规定，本书将社会力量承接政府购买中小学生课外锻炼服务的方式归纳为单一来源、定向委托、公开招标、邀请招标、竞争性谈判和竞争性磋商。调查结果显示，社会力量承接政府购买中小学生课外锻炼服务的方式主要是公开招标（54.3%）和定向委托（47.1%）。周俊（2014）认为，从各种政策文本看，政府向社会力量购买服务的方式，都是依据《政府采购法》将购买方式规定为公开招标、非公开招标和定向委托三大类①。由此可见，在社会力量承接政府购买中小学生课外锻炼服务的方式上，主要为公开招标和定向委托，非公开招标的方式相对较少（图4-5）。

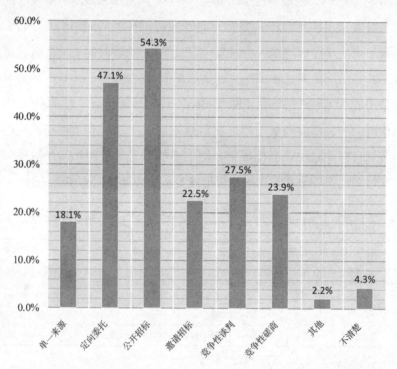

图4-5 社会力量承接政府购买中小学生课外锻炼服务的方式示意图

进一步研究发现，不同单位性质社会力量在承接政府购买中小学生课外

① 周俊. 政府如何选择购买方式和购买对象？——购买社会组织服务中的政府选择研究［J］. 中共浙江省委党校学报，2014，30（2）：48-55.

锻炼服务的方式上有显著性差异，$x = 73.716$，在 0.05 的显著性下 P 值 = 0.010。调查结果显示，承接方式中公开招标方式排在第一的社会力量单位性质有国有企业（61.5%）、私营企业（48.3%）和外资企业（87.5%），承接方式中定向委托方式排在第一的社会力量单位性质有社会组织（50.0%）和事业单位（61.3%）。由此可见，社会力量中企业承接政府购买中小学生课外锻炼服务的方式主要是公开招标，社会力量中社会组织和事业单位承接政府购买中小学生课外锻炼服务的方式主要是定向委托（表 4－9）。

表 4－9　不同单位性质社会力量承接政府购买中小学生课外锻炼服务的方式情况表

	单一来源	定向委托	公开招标	邀请招标	竞争性谈判	竞争性磋商	其他	不清楚	x^2	P 值
国有企业	7.7%	57.7%	61.5%	19.2%	15.4%	26.9%	0.0%	0.0%		
私营企业	17.2%	32.8%	48.3%	20.7%	31.0%	19.0%	1.7%	5.2%		
外资企业	12.5%	75.0%	87.5%	50.0%	50.0%	25.0%	0.0%	0.0%		
社会组织（协会、社团、基金会等）	30.0%	50.0%	30.0%	10.0%	30.0%	30.0%	10.0%	0.0%	73.716	0.010
事业单位（中心、少年宫等）	25.8%	61.3%	58.1%	25.8%	22.6%	22.6%	3.2%	6.5%		

第五章

购买中小学生课外锻炼服务制度实施现状

第一节 我国中小学实施政府购买课外锻炼服务的覆盖面

一、我国中小学实施政府购买课外锻炼服务的覆盖面总体情况

从当地实施政府购买中小学生课外锻炼服务的情况来看，调查结果显示，本地部分地区实施政府购买中小学生课外锻炼服务的情况最多（35.2%），部分地区实施和个别地方实施组成局部实施占比 60.3%，由此可见，当前我国中小学实施政府购买课外锻炼服务还是以局部实施为主，尚未覆盖全局。此外，实施的比例（74.9%）远高于未实施（16.2%）和不清楚（8.9%）的情况，由此可见，中小学实施政府购买课外锻炼服务并不是稀罕的事物，正慢慢融入人们的生活中（图 5 – 1）。

通过交互分析发现，中小学的地域与本地，实施政府购买中小学生课外锻炼服务的情况差异显著（$X^2 = 49.791$，$P < 0.05$）。调查结果显示，东北地区调查对象表示本地全面实施政府购买中小学生课外锻炼服务的比例（37.0%）高于其他地区，华北地区调查对象表示本地部分地区实施政府购买中小学生课外锻炼服务的比例（47.6%）高于其他地区，西北地区调查对象表示本地个别地方实施政府购买中小学生课外锻炼服务的比例（41.7%）高于其他地区；华东地区调查对象表示本地未实施政府购买中小学生课外锻炼服务的比例（25.0%）高于其他地区。华北地区本地全面实施与本地部分地区实施相加的比例最高

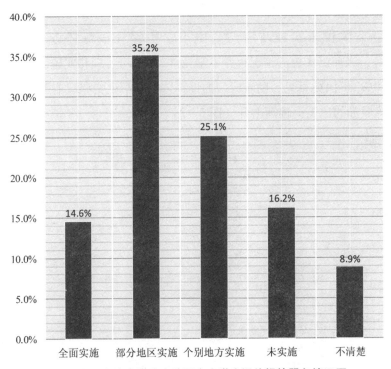

图5－1 本地实施政府购买中小学生课外锻炼服务情况图

（73.8%），由此可见，东北地区实施政府购买课外锻炼服务的覆盖面最全，华北地区实施政府购买课外锻炼服务的覆盖面最广（表5－1）。

表5－1 不同地域与本地实施政府购买中小学生课外锻炼服务情况表

维度	本地 全面实施	本地部分 地区实施	本地个别 地方实施	本地 未实施	不清楚	总计	X^2	P
华东	7.0%	36.0%	23.0%	25.0%	9.0%	100.0%		
华北	26.2%	47.6%	11.9%	2.4%	11.9%	100.0%		
华中	5.3%	39.5%	26.3%	21.1%	7.9%	100.0%		
华南	13.6%	31.8%	31.8%	18.2%	4.5%	100.0%	49.791	0.002
西南	17.5%	30.0%	30.0%	15.0%	7.5%	100.0%		
西北	12.5%	33.3%	41.7%	8.3%	4.2%	100.0%		
东北	37.0%	22.2%	18.5%	3.7%	18.5%	100.0%		

　　从中小学校实施政府购买中小学生课外锻炼服务的情况来看，调查结果显示，中小学校未实施政府购买中小学生课外锻炼服务的情况居多（41.3%），当前已实施的情况也并不罕见（28.3%），即将实施的比例也并不低（20.0%），由此可见，随着时间的推移，中小学生实施政府购买中小学生课外锻炼服务的比重会逐渐上升（图5-2）。

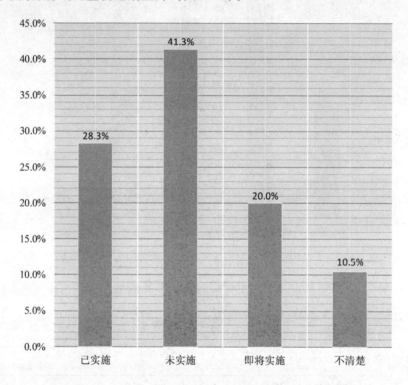

图5-2　本校实施政府购买中小学生课外锻炼服务情况图

　　通过交互分析发现，中小学的地域与本校实施政府购买中小学生课外锻炼服务的情况差异显著（$X^2 = 41.441$，$P < 0.01$）。调查结果显示，华北地区调查对象表示，本校已实施政府购买中小学生课外锻炼服务的比例（50.0%）高出本校未实施的比例（19.0%）31个百分点，东北地区调查对象表示本校已实施政府购买中小学生课外锻炼服务的比例（44.4%）高出本校未实施的

比例（11.1%）33.3 个百分点，东北地区调查对象表示，本校即将实施政府
购买中小学生课外锻炼服务的比例（29.6%）高于其他地区。由此可见，东
北地区和华北地区中小学已实施政府购买中小学生课外锻炼服务情况最好，
东北地区即将实施的比例最高（表 5 - 2）。

表 5 - 2　不同地域与本校实施政府购买中小学生课外锻炼服务情况表

维度	已实施	未实施	即将实施	不清楚	总计	X^2	P
华东	24.0%	51.0%	16.0%	9.0%	100.0%		
华北	50.0%	19.0%	16.7%	14.3%	100.0%		
华中	28.9%	36.8%	26.3%	7.9%	100.0%		
华南	25.0%	54.5%	15.9%	4.5%	100.0%	41.441	0.001
西南	12.5%	45.0%	22.5%	20.0%	100.0%		
西北	20.8%	50.0%	25.0%	4.2%	100.0%		
东北	44.4%	11.1%	29.6%	14.8%	100.0%		

进一步研究发现，中小学本校实施政府购买中小学生课外锻炼服务情况
与本地实施政府购买中小学生课外锻炼服务的情况差异非常显著（X^2 =
188.247，P < 0.001）。调查结果显示，在本地全面实施政府购买中小学生课
外锻炼服务情况下，本校已实施的比例（67.4%）高于其他情况，在本地未
实施政府购买中小学生课外锻炼服务情况下，本校未实施的比例（88.2%）
高于其他情况，在本地部分地区实施政府购买中小学生课外锻炼服务情况下，
本校即将实施的比例（31.5%）高于其他情况。由此可见，本地实施政府购
买中小学生课外锻炼服务情况越好，中小学实施政府购买中小学生课外锻炼
服务的比例就越高（表 5 - 3）。

表5-3 本地实施与本校实施政府购买中小学生课外锻炼服务情况表

维度	本校 已实施	本校 未实施	本校 即将实施	不清楚	总计	X²	P
本地 全面实施	67.4%	15.2%	13.0%	4.4%	100.0%		
本地部分 地区实施	39.6%	21.6%	31.5%	7.3%	100.0%		
本地个别 地方实施	15.2%	57.0%	24.1%	3.7%	100.0%	188.247	0.000
本地未实施	2.0%	88.2%	2.0%	7.8%	100.0%		
不清楚	3.6%	32.1%	7.1%	57.2%	100.0%		

二、不同重点类型中小学实施政府购买课外锻炼服务的覆盖面

对于不同重点类型中小学的分布情况，调查结果显示，在本次调查中，中小学中的重点学校比例（54.9%）略高于非重点学校（45.1%），重点中小学的类型以市区级重点为主（56.1%），总体来看，样本分布相对均匀，具有一定的代表性（表5-4）。

表5-4 不同重点类型中小学情况表

	维度	频率	百分比 （%）	有效 百分比（%）	均值	标准差
是否为 重点学校	是	173	54.9	54.9	1.45	0.498
	否	142	45.1	45.1		
重点 学校类型	省（自治区、 直辖市）重点	42	24.3	24.3	1.95	0.663
	市区级重点	97	56.1	56.1		
	区（县）级重点	34	19.7	19.7		

通过交互分析发现，中小学是否为重点学校与本地实施政府购买中小学生课外锻炼服务的情况差异显著（$X^2 = 14.909$，$P < 0.01$），中小学的重点类型与本地实施政府购买中小学生课外锻炼服务的情况无差异（$X^2 = 3.783$，$P = 0.876 > 0.05$）。调查结果显示，重点学校所在地全面实施政府购买中小学生课外锻炼服务的比例（19.7%）远高于非重点学校所在地全面实施情况（8.5%），重点学校所在地未实施政府购买中小学生课外锻炼服务的比例（11.6%）低于非重点学校所在地未实施情况（21.8%）。由此可见，中小学重点学校所在地的政府购买中小学生课外锻炼服务的实施情况好于非重点学校所在地（表5-5）。

表5-5　不同重点类型与本地实施政府购买中小学生课外锻炼服务情况表

	维度	全面实施	部分地区实施	个别地方实施	未实施	不清楚	总计	X^2	P
是否为重点学校	是	19.7%	38.7%	22.5%	11.6%	7.5%	100.0%	14.909	0.005
	否	8.5%	31.0%	28.2%	21.8%	10.5%	100.0%		
重点学校类型	-	-	-	-	-	-	-	3.783	0.876

通过交互分析发现，中小学是否为重点学校与本校实施政府购买中小学生课外锻炼服务的情况差异非常显著（$X^2 = 30.364$，$P < 0.001$），中小学的重点类型与本校实施政府购买中小学生课外锻炼服务的情况无差异（$X^2 = 7.276$，$P = 0.296 > 0.05$）。调查结果显示，是重点学校的中小学已实施政府购买中小学生课外锻炼服务的比例（40.5%）远高于非重点学校的中小学已实施情况（13.4%），是重点学校的中小学本校未实施政府购买中小学生课外锻炼服务的比例（31.2%）低于非重点学校的中小学未实施情况（53.5%）。由此可见，中小学中的重点学校比非重点学校实施政府购买中小学生课外锻炼服务情况更好更普遍（表5-6）。

表5-6　不同重点类型与本校实施政府购买中小学生课外锻炼服务情况表

	维度	已实施	未实施	即将实施	不清楚	总计	X^2	P
是否为重点学校	是	40.5%	31.2%	19.1%	9.2%	100.0%	30.364	0.000
	否	13.4%	53.5%	21.1%	12.0%	100.0%		
重点学校类型	-	-	-	-	-	-	7.276	0.296

三、不同体育类型中小学实施政府购买课外锻炼服务的覆盖面

对于不同体育类型中小学的分布情况，调查结果显示，在本次调查中，中小学以非体育类学校为主（88.6%），体育类学校中以体育传统项目学校为主（41.7%），总体来看，样本分布与实际生活中的情况基本相符，具有一定的代表性（表5-7）。

表5-7　不同体育类型中小学情况表

	维度	频率	百分比（%）	有效百分比（%）	均值	标准差
是否体育类学校	是	36	11.4	11.4	1.89	0.319
	否	279	88.6	88.6		
体育类学校类型	业余体校	4	11.1	11.1	1.00	0.000
	中专体校	9	25.0	25.0		
	少体校	6	16.7	16.7		
	体育传统项目学校	15	41.7	41.7		
	其他	2	5.6	5.6		

通过交互分析发现，中小学是否为体育类中小学与本地实施政府购买中小学生课外锻炼服务的情况差异非常显著（$X^2 = 33.716$，$P < 0.001$），体育类中小学的类型与本地实施政府购买中小学生课外锻炼服务的情况差异非常显著（$X^2 = 37.830$，$P < 0.001$）。调查结果显示：非体育类中小学所在地全面实

施政府购买中小学生课外锻炼服务的比例（10.8%）低于体育类中小学所在地全面实施情况（44.4%），非体育类中小学所在地部分地区实施政府购买中小学生课外锻炼服务的比例（36.2%）高于体育类中小学所在地部分地区实施情况（27.8%）；体育类中小学中体育传统项目学校（80.0%）和业余体校（75.0%）所在地全面实施政府购买中小学生课外锻炼服务的比例高。由此可见，非体育类中小学所在地实施政府购买中小学生课外锻炼服务的覆盖面不如体育类中小学所在地的实施面广，体育传统项目学校和业余体校所在地实施政府购买中小学生课外锻炼服务的覆盖面比体育类学校中其他类型广（表5-8）。

表5-8　不同体育类型与本地实施政府购买中小学生课外锻炼服务情况表

	维度	全面实施	部分地区实施	个别地方实施	未实施	不清楚	总计	X^2	P
是否体育类学校	是	44.4%	27.8%	25.0%	0.0%	2.8%	100.0%	33.716	0.000
	否	10.8%	36.2%	25.1%	18.3%	9.6%	100.0%		
体育类学校类型	业余体校	75.0%	25.0%	0.0%	0.0%	0.1%	100.0%	37.830	0.000
	中专体校	11.1%	44.4%	44.4%	0.0%	0.0%	100.0%		
	少体校	0.0%	50.0%	50.0%	0.0%	0.0%	100.0%		
	体育传统项目学校	80.0%	6.7%	13.3%	0.0%	0.0%	100.0%		
	其他	0.0%	50.0%	0.0%	0.0%	50.0%	100.0%		

调查结果显示，非体育类中小学已实施政府购买中小学生课外锻炼服务的比例（24.0%）低于体育类中小学已实施情况（61.1%），非体育类中小学所在地未实施政府购买中小学生课外锻炼服务的比例（44.1%）高于体育类中小学未实施情况（19.4%）；体育类中小学中体育传统项目学校已实施政府购买中小学生课外锻炼服务的比例（80.0%）高于其他类型已实施情况，业余体校未实施政府购买中小学生课外锻炼服务的比例（50.0%）高于其他类型未实施情况。由此可见，体育类中小学实施政府购买中小学生课外锻炼服务更加普遍，其中比较有代表性的是体育传统项目学校（表5-9）。

表 5 - 9　不同体育类型与本校实施政府购买中小学生课外锻炼服务情况表

	维度	已实施	未实施	即将实施	不清楚	总计	X²	P
是否体育类学校	是	61.1%	19.4%	19.4%	0.0%	100.0%	24.486	0.000
	否	24.0%	44.1%	20.1%	11.8%	100.0%		
体育类学校类型	业余体校	50.0%	50.0%	0.0%	0.0%	100.0%	16.275	0.039
	中专体校	44.4%	22.2%	33.3%	0.0%	100.0%		
	少体校	66.7%	16.7%	16.7%	0.0%	100.0%		
	体育传统项目学校	80.0%	0.0%	20.0%	0.0%	100.0%		
	其他	0.0%	100.0%	0.0%	0.0%	100.0%		

第二节　我国中小学实施政府购买课外锻炼服务的购买主体

一、我国中小学实施政府购买课外锻炼服务的购买主体总体情况

从政府购买公共体育服务来看，吴筱珍（2017）认为购买主体主要是各级政府和体育局、文化局、财政局等管理部门①。从政府购买青少年课外锻炼服务来看，唐立慧（2018）认为，政府购买青少年课外锻炼服务的主体应是承担青少年体育服务职能的各级行政机关、事业单位以及纳入行政编制管理且经费由财政负担的群团组织。结合国办发〔2013〕96 号和财综〔2014〕96 号文件规定和已有研究，本书认为政府购买中小学生课外锻炼服务的购买主体是各级政府和教育局、财政局和体育局等部门。

在明确了政府购买中小学生课外锻炼服务的购买主体以后，本书对中小

---

① 吴筱珍. 制约我国政府购买公共体育服务的主体因素与优化路径〔J〕. 上海体育学院学报，2017，41（6）：42 - 46.

学实施政府购买中小学生课外锻炼服务资金来源进行调查，调查结果显示，中小学实施政府购买中小学生课外锻炼服务资金来源比例从高到低排序依次是教育局拨款（73.9%）、财政拨款（62.7%）、体育局拨款（34.0%）和体彩公益金（19.0%）。由此可见，中小学实施政府购买中小学生课外锻炼服务两大资金来源是教育局拨款和财政拨款，体育局拨款占比不多（图5-3）。

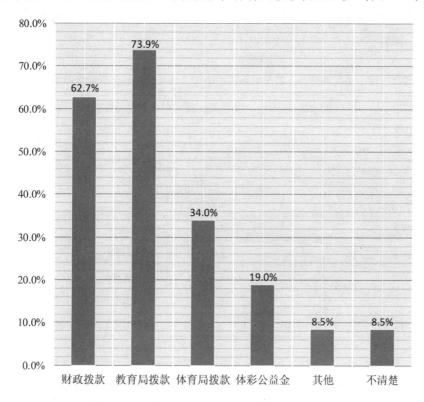

图5-3 中小学实施政府购买中小学生课外锻炼服务资金来源情况图

通过交互分析发现，不同地域中小学与资金来源教育局拨款（$X^2 = 21.943$，$P = 0.038 < 0.05$）和体育局拨款（$X^2 = 22.166$，$P = 0.036 < 0.05$）差异显著，与资金来源财政拨款和体彩公益金无差异。调查结果显示，不同地域中小学实施政府购买中小学生课外锻炼服务资金来源为教育局拨款比例从高到低排序依次是东北（44.4%）、华北（42.9%）、华中（42.1%）、西

南（40.0%）、华南（38.6%）、西北（29.2%）和华东（27.0%）；不同地域中小学实施政府购买中小学生课外锻炼服务资金来源为体育局拨款比例从高到低排序依次是华北（26.2%）、华中（21.1%）、华南（20.5%）、华东（15.0%）、东北（14.8%）、西北（12.5%）和西南（5.0%）。由此可见，资金来源为教育局拨款的前三个地区是东北地区、华北地区和华中地区，资金来源为体育局拨款的前三个地区是华北地区、华中地区和华南地区（表5-10）。

表5-10　不同地域与实施政府购买中小学生课外锻炼服务资金来源情况表

维度	财政拨款	教育局拨款	体育局拨款	体彩公益金
华东	-	27.0%	15.0%	-
华北	-	42.9%	26.2%	-
华中	-	42.1%	21.1%	-
华南	-	38.6%	20.5%	-
西南	-	40.0%	5.0%	-
西北	-	29.2%	12.5%	-
东北	-	44.4%	14.8%	-
X^2	-	21.943	22.166	-
P	0.06 > 0.05	0.038 < 0.05	0.036 < 0.05	0.142 > 0.05

二、不同重点类型中小学实施政府购买课外锻炼服务的购买主体

通过交互分析发现，中小学是否为重点学校与实施政府购买中小学生课外锻炼服务资金来源情况差异显著（$X^2 = 18.845$，在0.05显著性水平下P=0.004<0.05），重点中小学的类型与实施政府购买中小学生课外锻炼服务资金来源情况无差异（$X^2 = 15.406$，在0.05显著性水平下P=0.220>0.05）。调查结果显示，重点中小学财政拨款比例（66.3%）高于非重点中小学的比例（55.1%），重点中小学教育局拨款比例（77.9%）高于非重点中小学的比例（65.3%），重点中小学体育局拨款比例（38.5%）高于非重点中小学的比例（24.5%），重点中小学体彩公益金比例（22.1%）高于非重点中小学的比例（12.2%）。由此可见，重点中小学在政府购买中小学生课外锻炼服务的 4 种资金来源拨款比例上都高于非重点中小学（表 5－11）。

表 5－11 不同重点类型与实施政府购买中小学生课外锻炼服务资金来源情况表

	维度	财政拨款	教育局拨款	体育局拨款	体彩公益金	其他	不清楚	X^2	P
是否为重点学校	是	66.3%	77.9%	38.5%	22.1%	7.7%	3.8%	18.845	0.004
	否	55.1%	65.3%	24.5%	12.2%	10.2%	18.4%		
重点学校类型		–	–	–	–	–	–	15.406	0.220

三、不同体育类型中小学实施政府购买课外锻炼服务的购买主体

通过交互分析发现，中小学是否为体育类学校与实施政府购买中小学生课外锻炼服务资金来源情况差异显著（$X^2 = 14.593$，在 0.05 显著性水平下 $P = 0.024 < 0.05$），体育类中小学的类型与实施政府购买中小学生课外锻炼服务资金来源情况无差异（$X^2 = 10.149$，在 0.05 显著性水平下 $P = 0.810 > 0.05$）。调查结果显示，体育类中小学财政拨款（68.8%）、教育局拨款（84.4%）、体育局拨款（40.6%）和体彩公益金（34.4%）比例上都高于非体育类中小学；在资金来源差异上，体育类中小学财政拨款比例高出非体育类中小学财政拨款比例 7.6 个百分点，体育类中小学教育局拨款比例高出非体育类中小学教育局拨款比例 13.3 个百分点，体育类中小学体育局拨款比例高出非体育类中小学体育局拨款比例 8.4 个百分点，体育类中小学体彩公益金拨款比例高出非体育类中小学体彩公益金拨款比例 19.5 个百分点。由此可见，体育类中小学在政府购买中小学生课外锻炼服务的 4 种资金来源拨款比例上都高于非体育中小学，其中差异最大的资金来源方式是体彩公益金（表 5－12）。

表 5－12　不同体育类型与实施政府购买中小学生课外锻炼服务资金来源情况表

	维度	财政拨款	教育局拨款	体育局拨款	体彩公益金	其他	不清楚	X^2	P
是否体育类学校	是	68.8%	84.4%	40.6%	34.4%	12.5%	0.0%	14.593	0.024
	否	61.2%	71.1%	32.2%	14.9%	7.4%	10.7%		
体育类学校类型	-	-	-	-	-	-	-	10.149	0.810

第三节　我国中小学实施政府购买课外锻炼服务的内容

一、我国中小学实施政府购买课外锻炼服务的内容总体情况

依据中共中央、国务院印发《中长期青年发展规划（2016—2025 年)》中的要求："培养青年体育运动爱好，经常性参加足球、篮球、排球、田径、游泳、乒乓球、羽毛球、网球等体育运动项目和健身操（舞)、健步走、传统武术、太极拳、骑车、登山、跳绳、踢毽等健身活动，力争使每个青年具备 1 项以上体育运动爱好，养成终身锻炼的习惯。"[1] 本书在调查过程中将中小学实施政府购买课外锻炼服务的内容设置为 A 足球、B 篮球、C 排球、D 田径、E 游泳、F 体操、G 武术、H 乒乓球、I 羽毛球、J 网球、K 健美操、L 滑冰、M 娱乐游戏、N 拓展训练、O 舞蹈和 P 其他。

调查结果显示，以中小学选择的比例30%为界视为中小学实施政府购买课外锻炼服务的热门内容，中小学实施政府购买课外锻炼服务的热门内容按比例从高到低排序依次是篮球（76.5%)、足球（72.5%)、乒乓球

---

[1]　新华社. 中共中央 国务院印发《中长期青年发展规划（2016—2025 年)》［EB/OL］. 中国政府网，2017－04－13.

（56.2%）、羽毛球（49.0%）、田径（48.4%）、排球（40.5%）。由此可见，中小学实施政府购买课外锻炼服务的热门内容与中共中央、国务院印发《中长期青年发展规划（2016—2025 年)》中要求的体育运动项目基本一致，由此可以推断，中小学在选择实施政府购买课外锻炼服务的内容时，以国家政策作为了依据（图 5 - 4）。

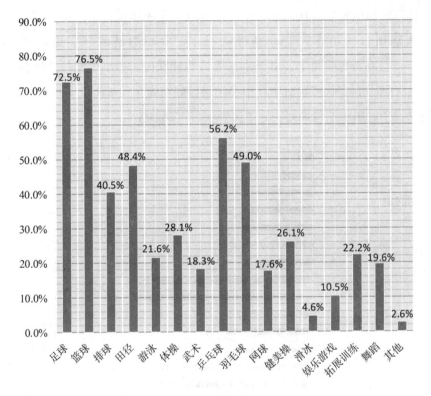

图 5 - 4　中小学实施政府购买中小学生课外锻炼服务内容情况图

由图 5 - 4 结合《国务院办公厅关于强化学校体育促进学生身心健康全面发展的意见》（国办发〔2016〕27 号）中对体育课的要求："大力推动足球、篮球、排球等集体项目，积极推进田径、游泳、体操等基础项目及冰雪运动等特色项目, 广泛开展乒乓球、羽毛球、武术等优势项目。"① 可以发现, 当前我国中小学实施政府购买课外锻炼服务的内容呈现出对体育课内容延伸的特点, 中小学实施政府购买课外锻炼服务的热门内容以国办发〔2016〕27 号对体育课要求的内容基本一致。以国办发〔2016〕27 号作为参考, 将中小学实施政府购买课外锻炼服务的内容划分为集体项目、基础项目、特色项目、优势项目和其他项目 (图 5 – 5)。可以发现: 在集体项目中, 中小学最偏好实施篮球项目 (76.5%); 在基础项目中, 中小学最偏好实施田径项目 (48.4%); 在特色项目中, 由于冰雪项目的特殊性, 中小学实施滑冰的比例不高 (4.6%); 在优势项目中, 中小学最偏好实施乒乓球项目 (56.2%); 在其他项目中, 中小学最偏好实施健美操项目 (26.1%)。

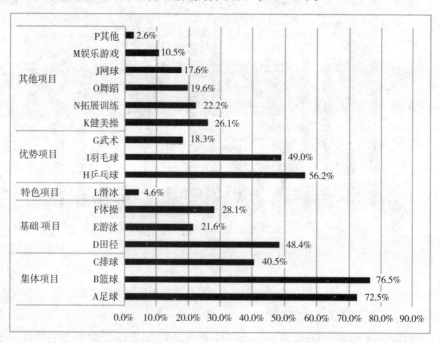

图 5 – 5　不同分类下中小学实施政府购买中小学生课外锻炼服务内容分布情况图

---

① 国务院办公厅. 国务院办公厅关于强化学校体育促进学生身心健康全面发展的意见 [EB/OL]. 中国政府网, 2016 – 05 – 06.

二、不同重点类型中小学实施政府购买课外锻炼服务的内容

通过交互分析发现，中小学是否为重点学校与实施政府购买中小学生课外锻炼服务的内容情况差异显著（表5-13），重点中小学的类型与实施政府购买中小学生课外锻炼服务内容情况无差异。调查结果显示，从总体来看，除娱乐游戏外，重点中小学实施各个项目的比例都高于非重点中小学。从各个项目分类来看：在集体项目中，重点中小学最偏好实施足球项目（43.9%），非重点中小学最偏好实施篮球项目（31.0%）；在基础项目、优势项目和其他项目中最偏好实施的项目相同，分别为田径、乒乓球和健美操。由此可见，重点中小学实施政府购买中小学生课外锻炼服务内容的情况好于非重点中小学，不同重点类型中小学实施政府购买中小学生课外锻炼服务内容偏好上差别不是很大。

三、不同体育类型中小学实施政府购买课外锻炼服务的内容

通过交互分析发现，中小学是否为体育类学校与实施政府购买中小学生课外锻炼服务的内容情况差异显著（表5-14），体育中小学的类型与实施政府购买中小学生课外锻炼服务的内容情况差异显著（表5-15）。调查结果显示，从总体来看：除拓展训练以外，体育类中小学实施各个项目的比例都高于非体育类中小学。从各个项目分类来看：在集体项目中，体育类中小学最偏好实施足球项目（66.7%），非体育类中小学最偏好实施篮球项目（34.4%）；在基础项目中，体育类中小学最偏好实施体操项目（30.6%），非体育类中小学最偏好实施田径项目（22.9%）；在优势项目中，体育类与非体育类中小学最偏好实施的项目相同，都是乒乓球；在其他项目中，体育类中小学最偏好实施健美操（25.0%），非体育类中小学最偏好实施拓展训练（11.5%）。由此可见，体育类中小学实施政府购买中小学生课外锻炼服务内容的情况好于非体育类中小学，在集体项目、基础项目和其他项目上实施偏好有所差异，在优势项目上实施偏好相同。

表 5 - 13　不同重点类型与实施政府购买中小学生课外锻炼服务内容的情况表

维度		集体项目			基础项目			特色项目	优势项目			其他项目					
是否为重点学校		A 足球	B 篮球	C 排球	D 田径	E 游泳	F 体操	L 滑冰	H 乒乓球	I 羽毛球	G 武术	K 健美操	N 拓展训练	O 舞蹈	J 网球	M 娱乐游戏	P 其他
是		43.9%	42.2%	23.1%	27.7%	15.0%	16.2%	3.5%	30.6%	26.6%	12.7%	15.0%	13.3%	12.7%	10.4%	4.6%	1.7%
否		24.6%	31.0%	15.5%	18.3%	4.9%	10.6%	0.7%	23.2%	20.4%	4.2%	9.9%	7.7%	5.6%	6.3%	5.6%	0.7%
X^2		20.514	26.729	20.978	21.034	22.462	20.672	21.407	23.669	23.095	22.029	20.668	20.476	20.907	20.497	22.806	20.556
P		0.000	0.000	0.000	0.000	0.000	0.000	0.000	0.000	0.000	0.000	0.000	0.000	0.000	0.000	0.000	0.000

表 5 - 14　不同体育类型与实施政府购买中小学生课外锻炼服务内容的情况表

维度		集体项目			基础项目			特色项目	优势项目			其他项目					
是否为体育类学校		A 足球	B 篮球	C 排球	D 田径	E 游泳	F 体操	L 滑冰	H 乒乓球	I 羽毛球	G 武术	K 健美操	N 拓展训练	O 舞蹈	J 网球	M 娱乐游戏	P 其他
是		66.7%	58.3%	44.4%	27.8%	19.4%	30.6%	2.8%	38.9%	36.1%	27.8%	25.0%	5.6%	16.7%	16.7%	11.1%	2.8%
否		31.2%	34.4%	16.5%	22.9%	9.3%	11.5%	2.2%	25.8%	22.2%	6.5%	11.1%	11.5%	8.6%	7.5%	4.3%	1.1%
X^2		26.648	30.771	28.913	34.205	26.453	27.736	26.768	30.619	28.313	33.864	26.583	36.208	26.480	26.504	26.744	26.517
P		0.000	0.000	0.000	0.000	0.000	0.000	0.000	0.000	0.000	0.000	0.000	0.000	0.000	0.000	0.000	0.000

表5-15 体育类中小学类型与实施政府购买中小学生课外锻炼服务内容的情况表

维度	集体项目			基础项目			特色项目	优势项目				其他项目				
体育类学校的类型	A 足球	B 篮球	C 排球	D 田径	E 游泳	F 体操	L 滑冰	H 乒乓球	I 羽毛球	G 武术	K 健美操	N 拓展训练	O 舞蹈	J 网球	M 娱乐游戏	P 其他
业余体校	50.0%	50.0%	0.0%	0.0%	25.0%	25.0%	0.0%	25.0%	25.0%	0.0%	25.0%	0.0%	0.0%	0.0%	0.0%	0.0%
中专体校	66.7%	66.7%	55.6%	22.2%	33.3%	22.2%	11.1%	33.3%	33.3%	44.4%	33.3%	11.1%	22.2%	22.2%	22.2%	0.0%
少体校	66.7%	16.7%	50.0%	33.3%	16.7%	33.3%	0.0%	66.7%	50.0%	33.3%	33.3%	16.7%	16.7%	33.3%	16.7%	16.7%
体育传统项目学校	80.0%	80.0%	53.3%	40.0%	13.3%	40.0%	0.0%	40.0%	40.0%	26.7%	20.0%	0.0%	20.0%	13.3%	6.7%	0.0%
其他	0.0%	0.0%	0.0%	0.0%	0.0%	0.0%	0.0%	0.0%	0.0%	0.0%	0.0%	0.0%	0.0%	0.0%	0.0%	0.0%
X^2	19.975	28.437	22.513	21.317	21.571	19.959	22.573	21.182	19.743	22.045	20.430	22.483	20.232	21.463	21.543	24.379
P	0.010	0.000	0.004	0.006	0.006	0.010	0.004	0.007	0.011	0.005	0.009	0.004	0.009	0.006	0.006	0.002

调查结果显示，从总体来看：业余体校排在前三的实施内容是足球（50.0%）、篮球（50.0%）和游泳（25.0%）；中专体校排在前三的实施内容是足球（66.7%）、篮球（66.7%）和排球（55.6%）；少体校排在前三的实施内容是足球（66.7%）、乒乓球（66.7%）和排球（50.0%）；体育传统项目学校排在前三的实施内容是足球（80.0%）、篮球（80.0%）和排球（53.3%）。由此可见，中专体校和体育传统项目学校以集体项目为实施热门项目，业余体校实施热门项目除集体项目外还包括基础项目，少体校实施热门项目除集体项目外还包括优势项目。

从各个项目分类来看：在集体项目中，业余体校、中专体校和体育传统项目学校都偏好实施足球和篮球，少体校在篮球项目上实施情况较差；在基础项目中，业余体校偏好实施游泳和体操，中专体校偏好游泳，少体校和体育传统项目学校偏好田径和体操；在特色项目中，中专体校滑冰实施情况最好；在优势项目中，业余体校偏好乒乓球和羽毛球，中专体校偏好武术，少体校偏好乒乓球，体育传统项目学校偏好乒乓球和羽毛球；在其他项目中，业余体校和中专体校偏好健美操，少体校除健美操外还偏好网球，体育传统项目学校除健美操外还偏好舞蹈。由此可见，实施政府购买中小学生课外锻炼服务内容最全面的是中专体校，不同体育类中小学在实施政府购买中小学生课外锻炼服务内容偏好上差异较为明显。

第四节　我国中小学实施政府购买课外锻炼服务的方式

一、我国中小学实施政府购买课外锻炼服务的方式总体情况

根据国办发〔2013〕96 号、财综〔2014〕96 号、国办发〔2015〕37 号等相关政策文件的规定，本书将中小学实施政府购买中小学生课外锻炼服务的方式归纳为单一来源、定向委托、公开招标、邀请招标、竞争性谈判和竞

争性磋商。调查结果显示，中小学实施政府购买课外锻炼服务最常用的两大方式是公开招标（50.3%）和定向委托（43.8%）。

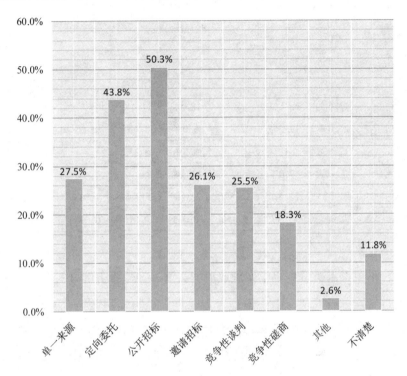

图 5 - 6　中小学实施政府购买中小学生课外锻炼服务方式情况图

通过交互分析发现，不同地域与实施政府购买中小学生课外锻炼服务单一来源方式（$X^2 = 21.523$，$P = 0.043 < 0.05$）、定向委托方式（$X^2 = 24.526$，$P = 0.017 < 0.05$）、邀请招标方式（$X^2 = 22.187$，$P = 0.035 < 0.05$）和竞争性谈判方式（$X^2 = 24.767$，$P = 0.016 < 0.05$）差异显著，与公开招标方式、竞争性磋商方式和其他及不清楚方式无显著差异。调查结果显示，华东、华北、华中、华南和东北地区最常采用实施政府购买中小学生课外锻炼服务的方式是定向委托，西南和西北地区最常采用实施政府购买中小学生课外锻炼服务的方式是单一来源（表 5 - 16）。

表 5 - 16 不同地域与实施政府购买中小学生课外锻炼服务方式情况表

维度	单一来源	定向委托	公开招标	邀请招标	竞争性谈判	竞争性磋商	其他	不清楚
华东	12.0%	18.0%	–	11.0%	10.0%	–	–	–
华北	14.3%	33.3%	–	14.3%	16.7%	–	–	–
华中	13.2%	28.9%	–	21.1%	10.5%	–	–	–
华南	13.6%	20.5%	–	18.2%	11.4%	–	–	–
西南	20.0%	12.5%	–	5.0%	5.0%	–	–	–
西北	12.5%	0.0%	–	8.3%	8.3%	–	–	–
东北	7.4%	37.0%	–	11.1%	33.3%	–	–	–
X^2	21.523	24.526	16.826	22.187	24.767	18.83	17.003	20.058
P	0.043	0.017	0.156	0.035	0.016	0.093	0.149	0.066

二、不同重点类型中小学实施政府购买课外锻炼服务的方式

通过交互分析发现，中小学是否为重点学校与实施政府购买中小学生课外锻炼服务的方式情况差异显著（表 5 - 17），重点中小学的类型与实施政府购买中小学生课外锻炼服务方式的情况差异显著（$X^2 = 36.813$，在 0.05 显著性水平下 P = 0.002 < 0.05）。调查结果显示：重点中小学采用的方式按比例大小排序依次是定向委托、公开招标、邀请招标、竞争性谈判、单一来源和竞争性磋商；非重点中小学采用的方式按比例大小排序依次是公开招标、单一来源、定向委托、竞争性磋商、邀请招标、竞争性谈判。由此可见，重点中小学最常采用实施政府购买中小学生课外锻炼服务的两大方式是定向委托和公开招标，非重点中小学最常采用实施政府购买中小学生课外锻炼服务的两大方式是公开招标和单一来源。除公开招标外，重点中小学偏好采用定向委托，非重点中小学偏好采用单一来源（表 5 - 17）。

表 5 – 17　不同重点类型与实施政府购买中小学生课外锻炼服务方式的情况表

维度	单一来源	定向委托	公开招标	邀请招标	竞争性谈判	竞争性磋商	其他	不清楚
是重点学校	14.5%	29.5%	29.5%	17.3%	17.3%	9.8%	2.3%	6.4%
非重点学校	12.0%	11.3%	18.3%	7.0%	6.3%	7.7%	0.0%	4.9%
X^2	22.144	23.669	20.664	21.554	22.167	21.204	22.176	20.862
P	0.000	0.000	0.000	0.000	0.000	0.000	0.000	0.000

从重点中小学的类型来看，采用单一来源（27.3%）、竞争性磋商（18.2%）方式最多的是省（自治区、直辖市）重点中小学，采用定向委托（53.1%）、公开招标（59.4%）、邀请招标（35.9%）、竞争性谈判（37.5%）方式最多的是市区级重点中小学（表 5 – 18）。

表 5 – 18　重点中小学类型与实施政府购买中小学生课外锻炼服务方式的情况表

维度	单一来源	定向委托	公开招标	邀请招标	竞争性谈判	竞争性磋商	其他	不清楚	X^2	P
省（自治区、直辖市）重点	27.3%	40.9%	31.8%	22.7%	22.7%	18.2%	0.0%	18.2%		
市区级重点	23.4%	53.1%	59.4%	35.9%	37.5%	15.6%	1.6%	4.7%	36.813	0.002
区（县）级重点	22.2%	44.4%	33.3%	11.1%	5.6%	16.7%	16.7%	22.2%		

三、不同体育类型中小学实施政府购买课外锻炼服务的方式

通过交互分析发现，中小学是否为体育类学校与实施政府购买中小学生课外锻炼服务的方式情况差异显著（$X^2 = 28.292$，在 0.05 显著性水平下 $P = 0.000 < 0.05$），体育类中小学的类型与实施政府购买中小学生课外锻炼服务的方式情况差异显著。调查结果显示，体育类中小学采用的方式按比例大小排序依次是定向委托、竞争性谈判、公开招标、单一来源、邀请招标和竞争性磋商，非体育类中小学采用的方式按比例大小排序依次是公开招标、定向

委托、单一来源、邀请招标、竞争性谈判和竞争性磋商。由此可见，体育类中小学最常采用实施政府购买中小学生课外锻炼服务的两大方式是定向委托和竞争性谈判，非体育类中小学最常采用实施政府购买中小学生课外锻炼服务的两大方式是公开招标和定向委托。除定向委托外，体育类中小学偏好采用竞争性谈判，非体育类中小学偏好采用公开招标（表5-19）。

表5-19 是否体育类学校与实施政府购买中小学生课外锻炼服务方式的情况表

维度	单一来源	定向委托	公开招标	邀请招标	竞争性谈判	竞争性磋商	其他	不清楚	X²	P
体育类中小学	34.4%	62.5%	50.0%	28.1%	53.1%	25.0%	0.0%	3.1%	28.292	0.000
非体育类中小学	25.6%	38.8%	50.4%	25.6%	18.2%	16.5%	3.3%	14.0%		

从体育类中小学的类型来看，调查结果显示：采用单一来源方式最多的是少体校（50.0%）；采用定向委托方式最多的是中专体校（77.8%）；采用公开招标方式最多的是中专体校（66.7%）和少体校（66.7%）；采用邀请招标方式最多的是中专体校（44.4%）；采用竞争性谈判方式最多的是中专体校（55.6%）；采用竞争性磋商方式最多的是少体校（50.0%）。由此可见，少体校在单一来源和竞争性磋商方式中都是各个类型中占比最多的体育类中小学类型，中专体校在定向委托和竞争性谈判方式都是各个类型中占比最多的体育类中小学类型（表5-20）。

表5-20 体育类中小学类型与实施政府购买中小学生课外锻炼服务方式的情况表

维度	单一来源	定向委托	公开招标	邀请招标	竞争性谈判	竞争性磋商
业余体校	0.0%	50.0%	25.0%	25.0%	50.0%	25.0%
中专体校	44.4%	77.8%	66.7%	44.4%	55.6%	33.3%
少体校	50.0%	33.3%	66.7%	33.3%	33.3%	50.0%
体育传统项目学校	26.7%	60.0%	33.3%	13.3%	53.3%	6.7%

续表

维度	单一来源	定向委托	公开招标	邀请招标	竞争性谈判	竞争性磋商
其他	0.0%	0.0%	0.0%	0.0%	0.0%	0.0%
X^2	22.773	24.053	24.313	23.251	20.937	25.442
P	0.004	0.002	0.002	0.003	0.007	0.001

第六章

政府购买中小学生课外锻炼服务的学生需求分析

第一节 研究设计

不同特征的中小学生对课外锻炼服务的内容、时间、形式存在一定的影响，我们以不同特征的中小学生对课外锻炼服务的内容、时间、形式进行卡方检验得到以下结果（表6-1）：

表6-1 不同特征中小学校学生与政府购买服务内容、时间、形式的情况比较

		x^2（卡方）	自由度	P（显著性）
政府购买服务内容	所在学校	93.387	48	<0.001
	办学性质	48.821	36	0.075
	学校类型	54.312	24	<0.001
	学校区位	18.43	24	0.782
	所在省份	141.26	72	<0.001
政府购买服务时间	所在学校	60.364	24	<0.001
	办学性质	71.438	18	<0.001
	学校类型	85.796	12	<0.001
	学校区位	28.918	12	0.004
	所在省份	40.535	36	0.277

续表

		x^2（卡方）	自由度	P（显著性）
政府购买服务形式	所在学校	156.37	28	<0.001
	办学性质	114.555	21	<0.001
	学校类型	79.623	14	<0.001
	学校区位	47.369	14	<0.001
	所在省份	53.71	42	0.106

不同办学性质、学校区位的中小学生和建议政府购买课外锻炼服务内容的显著性相比较，差异无统计学意义（P>0.05）。不同学校、是否为体育类学校、不同省份的中小学生和建议政府购买课外锻炼服务内容的显著性比较，差异有统计学意义（P < 0.05）。

不同省份的中小学生和建议政府购买课外锻炼服务内容的显著性相比较，差异无统计学意义（P>0.05）。不同学校区位的中小学生和建议政府购买课外锻炼服务内容的显著性相比较，无明显差异（P>0.001）。不同学校、不同办学性质、是否为体育类学校的中小学生和建议政府购买课外锻炼服务内容的显著性比较，差异有统计学意义（P < 0.05）。

不同省份的中小学生和建议政府购买课外锻炼服务内容的显著性相比较，差异无统计学意义（P>0.05）。不同学校、不同办学性质、是否为体育类学校、不同学校区位的中小学生和建议政府购买课外锻炼服务内容的显著性比较，差异有统计学意义（P < 0.05）。

以上研究表明，不同层次和不同类型学校的中小学生对政府购买课外锻炼服务活动的内容、时间、形式均存在显著性特征。不同区域学校的中小学生只对课外锻炼服务的内容存在显著性特征。不同性质学校的中小学生对课外锻炼服务的时间、形式存在显著性特征，其中不同区位只对政府购买服务的形式有显著性特征。

第二节　中小学生课外锻炼服务的认知需求

一、中小学生对课外锻炼服务的了解程度

中小学生作为政府购买课外体育锻炼的服务对象，其意愿起到了至关重要的作用。中小学生正处于青春时期，对课外锻炼服务充满兴趣。如图 6 – 1 所示，中小学生对课外锻炼服务政策的了解程度（占总计的 48.9%）比对课外锻炼服务的了解程度（占总计的 46.9%）高出 2 个百分点。无论是对于课外锻炼服务还是课外锻炼服务政策均有超过 50% 的中小学生不太了解。

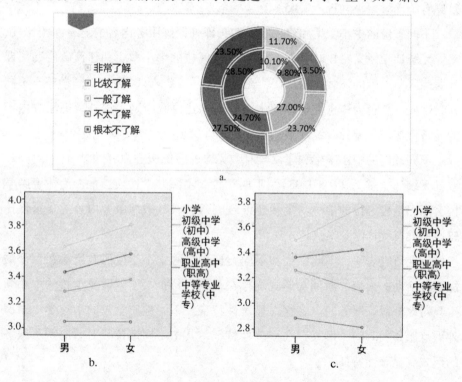

图 6 – 1　不同特征中小学生对课外锻炼服务了解程度示意图（b. 服务，c. 政策）

　　我们以中小学生所在学校层次和中小学生性别为变量对购买课外锻炼服务和政策的了解程度进行单因素线性分析，发现男生比女生对课外锻炼服务的了解程度普遍偏高且呈线性趋势，而对于课外锻炼服务政策而言，除中等专业学校和职业高中以外均为女生的了解程度高于男生。

　　以上研究结果表明，政府购买课外锻炼服务基本上被大多数中小学生支持，中小学生在正常的上课时间外对课外锻炼服务持有极大的兴趣。中小学生正是我们国家的未来，他们的身体素质代表了我国未来的全民身体素质。中小学生对课外锻炼服务充满兴趣，放学后的课外锻炼服务可以让中小学生更好地放松自己，锻炼自己，从体育运动中锻炼自身的意志品质，一定程度缓解了从家庭到学校再到家庭的两点一线的生活学习模式。使中小学生得到更多的课外锻炼，加强体教结合，提高中小学生的学习兴趣。

二、中小学生对课外锻炼服务的认识程度

　　随着公众对体育公共服务多元化需求的日益增加，政府公共体育服务供给总量不足、结构性不平衡以及供需矛盾冲突等问题越发突出。调整政府在公共体育服务供给中的角色定位，推动公共体育服务供给侧改革，成为贯彻落实国务院向社会力量购买服务的重要途径，也是扩大内需、增加就业、培育经济新增长点、推动体育产业成为经济转型升级的重要渠道。[1] 事实上，政府购买服务作为一个多元主体共同治理的动态过程，既涉及作为出资人的政府部门、作为服务供给者的社会组织，又涉及真正享受服务的消费者。

　　随着自身需求的不断增加，中小学生对政府购买课外锻炼服务的认识程度也会随着年龄的增长，而出现不同阶段的认知。如图 6-2 所示，10~12 岁的中小学生认为政府购买课外锻炼服务活动非常重要的占比最高为 54%，认为根本不重要的占比最低仅为 3%。6~9 岁的中小学生认为非常重要的占比

---

① 刘春华. 我国地方政府购买公共体育服务政策扩散路径与行动策略 [J]. 沈阳体育学院学报，2019 (3).

最高为 46.2%，认为一般重要的占比最低仅为 3.8%。18 岁以上的中小学生则认为比较重要的占比最高为 42.2%，认为不太重要的占比最低仅为 2.6%。而 16～18 岁的中小学生认为比较重要的占比最高为 34.7%，认为根本不重要的占比最低仅为 4.7%。

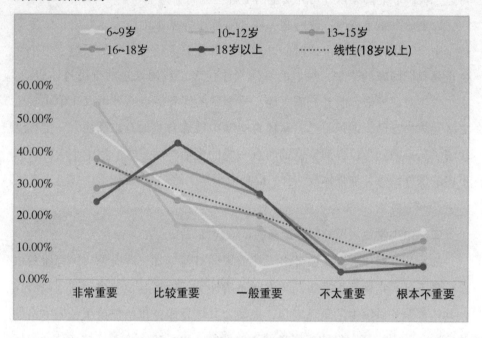

图 6-2　政府购买中小学生课外锻炼服务的情况示意图

以上调查结果表明，中小学生对课外锻炼服务认识程度不断提高，政府购买课外锻炼服务基本上被大多数中小学生支持，中小学生在正常的上课时间外对课外锻炼服务有极大的兴趣，并予以支持。中小学生正处于青春期，是释放自己天性的时候，课外锻炼活动不同于以往的课堂活动，可以使中小学生真正地走出教室、走进操场，推动素质教育、促进青少年训练，为国家培养和造就高素质劳动者和优秀体育后备人才的一项新的重要举措，是整合体育、教育等资源而实施的人才培养战略的重要措施，体现了体育、教育事业最根本的培养目标，符合人才培养的内在要求。

三、中小学生对课外锻炼服务的希望建议

政府购买中小学生课外锻炼服务是指在学生课余、课后等非正常教学时间段，政府有关部门向社会组织或社会力量购买中小学生课外锻炼服务的过程。[①] 它不属于体育课，而是由政府买单提供给学生的一项公共服务。如图6-3所示，我们看出排名首位的建议为学校支持（占总数的83.40%），第二位的是家长支持（占总数的76.60%），第三位的是老师支持（占总数的69.30%），这可能与父母和老师对于学生们的影响至关重要，往往他们的意愿可以直接决定学生们对事物的看法，并且在一定程度上为孩子树立思想上的旗帜。

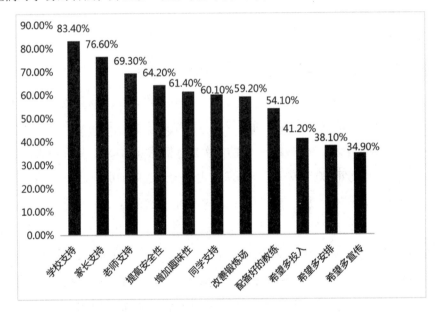

图6-3　中小学生建议情况示意图

以上调查结果表明中小学生对课外锻炼服务活动希望得到学校、父母和老师三方的支持，我国政府可以加大对学校、老师和家长进行必要的课外锻炼服

---

① 金炳华. 哲学大辞典［M］. 上海：上海辞书出版社，2001.

务宣传，并给予一定的保护政策减轻学校和家长对于课外锻炼服务活动的顾虑，支持中小学生参与到课外锻炼活动中来，既增强了中小学生体质又保障了中小学生每天课外锻炼一小时的要求。有利于形成全体师生参与的群众性体育锻炼的良好风气，不断提高学生的体质健康水平，为构建社会主义和谐社会，努力培养德、智、体、美、劳全面发展的社会主义接班人，满足中小学生对体育锻炼的需求。

第三节　中小学生课外锻炼服务的内容需求

一、不同层次学校学生对课外锻炼服务的内容需求

不同的学校决定着中小学生所处在不同的年龄段，会造成对政府购买中小学生课外锻炼服务活动的内容有所差异，研究结果表明，不同层次学校学生对课外锻炼服务的内容需求排名前三位的依次是：篮球（占学生总数的67.50%）、足球（占学生总数的60.70%）、羽毛球（占学生总数的49.80%）。除身处小学层次的学生中对足球运动最为喜爱（占小学学生总数的8.20%）之外，初中学生、高中学生、职高学生、中专学生均认为篮球运动占比最高（分别占为11.80%、32.50%、10.20%、6.10%）。小学生年龄一般为6~12岁，处于身体发育时期，身高普遍不高，不适合发展篮球运动，习近平总书记提出"校园足球"使中小学校普遍发展足球运动，学生们接触程度较高。（表6-2）

表6-2　不同层次学校中小学生对服务内容的情况

	小学	初级中学	高级中学	职业高中	中专学校	总计	x^2	L	P
足球	8.20%	9.10%	27.70%	9.70%	5.90%	60.70%	4.659	4.639	0.324
篮球	7.00%	11.80%	32.50%	10.20%	6.10%	67.50%	22.015	21.241	<0.001

续表

	小学	初级中学	高级中学	职业高中	中专学校	总计	x^2	L	P
排球	2.90%	5.80%	14.20%	5.90%	3.20%	32.00%	11.857	12.204	0.018
田径	4.40%	6.70%	16.90%	5.90%	3.60%	37.40%	1.998	2.012	0.736
游泳	4.70%	6.90%	20.90%	5.70%	3.50%	41.60%	9.228	9.273	0.056
体操	5.00%	5.50%	10.60%	4.80%	2.70%	28.50%	14.207	14.084	0.007
武术	3.20%	4.70%	12.90%	4.80%	3.10%	28.70%	2.454	2.469	0.653
乒乓球	5.60%	7.50%	22.80%	7.90%	4.00%	47.80%	8.274	8.307	0.082
羽毛球	4.80%	8.00%	24.30%	8.00%	4.00%	49.80%	15.448	15.600	0.004
网球	2.00%	3.40%	11.00%	4.10%	1.90%	22.40%	8.790	9.092	0.067
健美操	2.10%	2.50%	8.90%	3.80%	1.60%	18.90%	8.196	8.011	0.085
滑冰	3.20%	4.10%	8.50%	2.60%	1.80%	20.20%	5.234	5.119	0.264
娱乐游戏	4.20%	6.50%	13.80%	4.60%	2.80%	32.00%	4.441	4.338	0.350
拓展训练	3.50%	4.40%	11.00%	4.20%	2.80%	25.90%	1.058	1.054	0.901
舞蹈	4.70%	4.70%	16.60%	5.20%	3.80%	35.00%	4.988	5.124	0.289
其他	4.00%	2.50%	4.20%	2.20%	1.20%	14.10%	39.220	34.170	<0.001
不清楚	1.80%	1.00%	1.10%	0.50%	0.70%	5.00%	29.566	24.457	<0.001
总计	13.20%	16.80%	45.00%	14.90%	10.10%	100.00%	191.633	181.194	<0.001

以上调查结果显示，中小学生对课外体育锻炼服务内容的需求主要以球类运动为主，球类运动的开展不仅可以提高中小学生对课外锻炼服务的兴趣，而且能够开发学生智力，培养学生的竞争合作意识，提高学生身体素质。球类运动在中小学校开展具有一定的场地、器材条件基础，而且球类运动的练习与形式具有多样性，中小学校可以根据自己学校的实际情况有差异化、选择性地开展不同的运动模式，以提高球类运动在中小学校的开展，为我国体育建设提供后备人才。

二、不同类型学校学生对课外锻炼服务的内容需求

我国中小学校类型分为非体育类和体育类，体育类是指体育运动学校，培养运动员后备人才和小学体育师资的中等体育专业学校。非体育类学校则是我们平常所说的中小学院校。在体育类学校中，篮球运动位居第一（占总数比为69.60%），羽毛球和娱乐游戏并列第二（占总数比为39.20%）。而非体育类院校中篮球运动位居第一（占总数比为68.50%），羽毛球位居第二（占总数比为51.10%），游泳运动位居第三（占总数比为43.00%）。非体育类院校比体育类院校对于羽毛球项目的喜爱程度高出11.9个百分点（图6-4）。

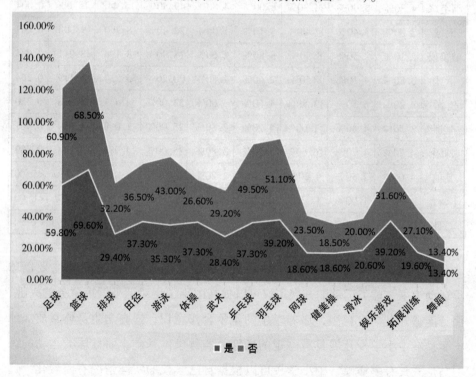

图6-4 不同体育类院校对课外锻炼服务内容的情况示意图

调查结果表明，中小学校为体育类比非体育类学校的面积略大一些，这说明体育类院校的课外锻炼服务内容比非体育类院校稍好，但由于我国的国情，现阶段体育类院校的数量远远低于非体育类院校。从体育大国向体育强国的迈进使我国中小学校全都大力发展体育运动，体教结合的大背景下，让非体育类院校体育活动开展情况与体育类院校不分伯仲，由此我们可以推测，各地购买中小学生课外锻炼服务活动会不分学校类型而大力发展。

三、不同区域学校学生对课外锻炼服务内容的需求

我国为一个统一的多民族国家，西部海拔高，东部海拔低。目前共有34个省级行政区域，包括23个省，5个自治区，4个直辖市，2个特别行政区，分为七大地理分区。调查结果表明，不同省份对课外锻炼服务内容排名前五位的依次是篮球（占总计的67.50%）、足球（占总计的60.70%）、羽毛球（占总计的49.80%）、乒乓球（占总计的47.80%）、游泳（占总计的41.60%）。篮球和羽毛球运动在华南地区占比最高（占总数17.10%和12.90%），足球和羽毛球运动在华东地区占比最高（占总数13.70%和11.50%），而游泳运动则以华南地区最高（占总数10.90%）（表6-3）。

表6-3　不同省份对课外锻炼服务内容的情况

	华东	华北	华中	华南	西南	西北	东北	总计	x^2	L	P
篮球	14.40%	5.80%	8.20%	17.10%	12.80%	5.50%	3.70%	67.50%	15.652	15.873	0.016
足球	13.70%	4.80%	7.00%	13.20%	13.10%	5.20%	3.60%	60.70%	14.995	15.481	0.020
羽毛球	11.80%	3.10%	6.60%	12.90%	9.00%	3.90%	2.60%	49.80%	15.401	15.506	0.017
乒乓球	11.50%	3.00%	6.40%	10.50%	10.30%	4.20%	1.90%	47.80%	25.193	25.657	<0.001
游泳	9.50%	3.90%	5.00%	10.90%	6.60%	2.70%	3.00%	41.60%	8.870	8.960	0.181

篮球项目为中小学生最受欢迎的项目（占总计67.50%），我们运用决策树模型对选择篮球项目的中小学生群体进行特征预测，如图6-5所示，选中篮球运动的中小学生占比为67.50%，其中小学和中专学生占比为55.90%且差异有

统计学意义（P < 0.05），我们可以发现省份位于华南、西南、华北、西北地区的小学和中专学生支持篮球运动的占比最高，为64.5%。篮球运动多为室外运动，而华南、西南、华北、西北地区相对于其他地区气候条件较好，适宜开展室外运动，篮球运动为多人合作运动参与度极高，可以培养中小学生的团队协作能力，树立合作竞争意识，因此篮球运动在该地区开展最为适宜（图6-5）。

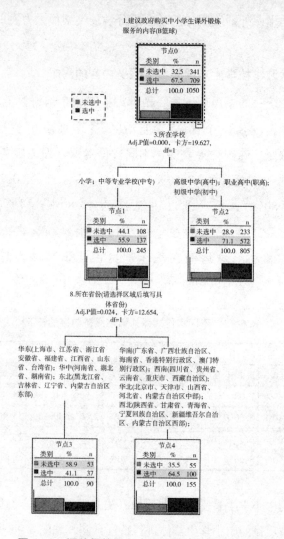

图6-5 课外锻炼服务内容为篮球的决策树模型

以上调查结果表明，建议篮球为课外锻炼服务内容的在高中和初中有明显的倾向性，占总数比为71.1%，存在一边倒情况，但与所处不同区域的中小学生来说不具备统计学意义（p > 0.05）。高中与初中面临升学压力，中小学生受学校和家长的影响很难进行室外激烈运动，一是室外运动会影响学习成绩；二是篮球运动位居"易受伤运动"之首，万一出现运动损伤会影响中高考，给孩子带来无法挽回的后果。

第四节　中小学生课外锻炼服务的时间需求

一、不同层次学校学生对课外锻炼服务的时间需求

我国现阶段中小学大约分为五大类：小学、初中、高中、职高、中专。不同的学校对课外锻炼服务时间的需求也会存在不同。研究结果表明，认为在大课间开展课外锻炼服务活动的以初中学生为主（占总数的70.50%），认为在下午课后开展活动的以高中学生为主（占总数的57.30%），认为在周末开展活动的初中和高中学生相同（占总数的31.30%）。无论学校层次如何，都认为在大课间开展课外锻炼服务活动为同等层次学校中占比最高，中小学校大课间一般都是进行中小学生广播体操的传统活动，缺乏趣味性，不易引起学生兴趣，在大课间开展课外锻炼服务活动首先可以改变固有的大课间模式，其次可以吸引学生按照其兴趣开展不同的课外锻炼服务活动，最后大课间属于在校期间，学校老师也可以监督课外锻炼服务活动质量，保证学生安全（图6-6）。

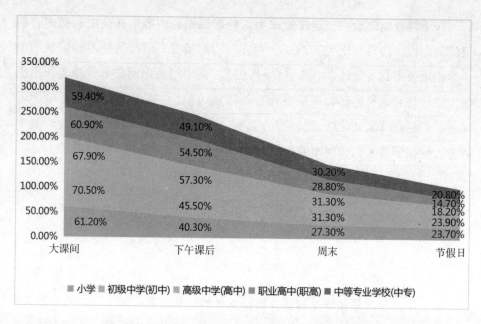

图6-6 不同学校中小学生对开展课外活动时间的情况示意图

以上调查结果表明，大课间开展活动为中小学生最为认可的活动时间，但大课间开展活动也会存在一定的隐患。剧烈的运动过后，接下来要进行的课堂教学老师往往因为学生的身体很难恢复正常上课状态而造成课堂无法专心听讲，影响教学质量。下午课后开展活动位居第二位，在下午课后开展活动既可以解决老师课堂吸收质量问题，又可以使学生专心投入课外锻炼服务活动，没有后顾之忧。

二、不同性质学校学生对课外锻炼服务的时间需求

我国的中小学校的办学性质分为公立与私立，私立学校是指由私人或私立机构投资而公办学校由政府财政拨款。如图6-4所示，学校性质为公立的学校中建议开展课外锻炼服务的时间依次排序为大课间（占总数的59.70%）、下午课后（占总数的47.20%）、周末（占总数的28.50%）、节假日（占总数的17.60%），这与公立学校的性质有着密不可分的联系，公立学

校响应国家政策号召"推进阳光体育大课间活动",对公立学校具有政策导向作用。

私立学校中大课间(占总数的6.80%)与下午课后(占总数的6.50%)的比例相差无几,周末(占总数的2.40%)与节假日(占总数的2.00%)的比例差别不大,总体来说差别不到0.5个百分点,近年来私立学校不断提高办学质量与教学水平,是学生可以享受到与之价格相匹配的服务,丰富学生的课余文化生活,提高学生综合素质能力,下午课后开展课外锻炼服务活动既满足了学生课外锻炼的需求,又考虑到家长因工作无法按时接送孩子的现状(表6-4)。

表6-4　不同性质学校学生对课外锻炼服务时间的比较

	公办	私立	总计	x^2	L	P
大课间	59.70%	6.80%	66.50%	4.584	4.443	0.205
下午课后	47.20%	6.50%	53.70%	16.971	17.195	0.001
周末	28.50%	2.40%	30.90%	6.943	7.264	0.074
节假日	17.60%	2.00%	19.60%	2.274	2.097	0.517
其他	7.70%	0.70%	8.40%	7.018	6.028	0.071
不清楚	5.70%	0.60%	6.30%	33.647	3	< 0.001
总计	89.40%	10.60%	100.00%	71.438	—	< 0.001

调查结果表明,我国中小学校中以公立学校为主导,私立学校数量较少,公立学校与私立学校发展数量不均衡存在明显差异。加强学校体育软实力建设,营造良好的体育锻炼氛围,增强中小学生对运动技能的掌握,提高身体素质,是我国中小学校共同的发展目标(图6-7)。

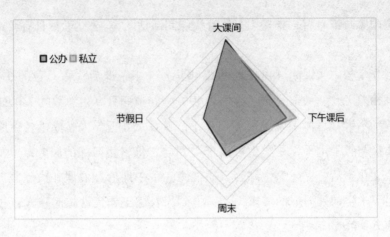

图 6 - 7 不同性质的中小学生对课外锻炼服务时间需求的情况示意图

三、不同类型学校学生对课外锻炼服务的时间需求

体育类与非体育类院校对于课外锻炼服务时间的需求存在差异，我们可以看出，无论学校是否为体育类学校，对于课外锻炼服务活动时间的排序依次是大课间（占总计的66.60%）、下午课后（占总计的53.40%）、周末（占总计的31.90%）、节假日（占总计的20.30%）（表6 - 5）。

表 6 - 5 不同学校类型学生对课外锻炼服务时间的比较

	是	否	总计	x^2	L	P
大课间	7.10%	59.50%	66.60%	5.123	4.961	0.077
下午课后	5.00%	48.40%	53.40%	11.802	11.86	0.003
周末	4.40%	27.40%	31.90%	16.012	16.996	< 0.001
节假日	3.20%	17.20%	20.30%	9.042	8.704	0.011
其他	1.40%	7.70%	9.10%	1.831	1.677	0.400
不清楚	1.00%	5.10%	6.00%	41.987	30.699	< 0.001
总计	10.80%	89.20%	100.00%	85.797	–	< 0.001

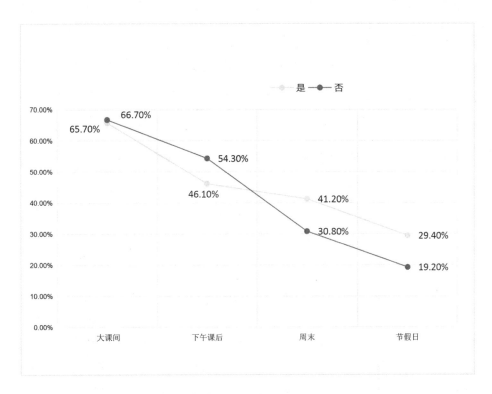

图 6 - 8 不同学校类型的中小学生对课外锻炼服务时间需求的情况示意图

研究结果表明在下午课后开展课外锻炼服务活动非体育类院校（占总计的 54.30%）高于体育类院校（占总计的 46.10%）8.2 个百分点。在周末开展课外锻炼服务活动的体育类院校（占总计的 41.20%）高于非体育类院校（占总计 30.80%）10.4 个百分点。非体育类院校上学期间体育活动较少，只能在大课间和下午课后开展，体育类院校学生多为住读学生，上学期间大部分时间参加体育训练，没有时间进行课外锻炼服务活动，在周末和节假日开展正好可以填补假期的空白时间。

第五节　中小学生课外锻炼服务的形式需求

一、不同层次学校学生对课外锻炼服务的形式需求

不同层次学校学生对课外锻炼服务的需求形式会有不同理解，不同层次学校学生的年龄段存在较大差异，年龄阶段的不同在一定程度上对选择服务的形式有决定性作用。不同层次学生对课外锻炼服务形式的需求依次为运动训练（占总计 59.40%）、组织比赛（占总计 58.00%）、社团活动（占总计56.60%）、素质拓展（占总计 42.80%）、课程授课（占总计 39.90%）。小学学生认为运动训练占比最高（占总数的 6.90%），高中学生认为社团活动占比最高（占总数 28.30%），职高学生认为组织比赛占比最高（占总数9.10%）。小学初中的学生年龄较小，对运动训练技能充满兴趣，容易掌握，学习能力较强。高中学生年龄普遍大于其他层次学校的学生，因学习压力较大，运动训练活动会消耗一定的体力，耽误学习时间，容易造成损伤影响高考，社团活动相比于其他运动充满趣味性，能起到一定的放松作用，缓解一天的学习压力，因此高中学生认为社会活动作为课外锻炼服务形式的开展占比最高（图 6-9）。

表 6-6　不同层次学生对课外锻炼服务时间的比较

	总计	x^2	L	P
组织比赛	58.00%	4.969	4.937	0.290
课程授课	39.90%	12.124	12.323	0.016
运动训练	59.40%	6.248	6.188	0.181
素质拓展	42.80%	40.574	42.591	< 0.001
社团活动	56.60%	33.38	33.306	< 0.001

续表

	总计	x^2	L	P
其他	6.90%	28.78	26.034	< 0.001
不清楚	7.00%	30.294	28.992	< 0.001

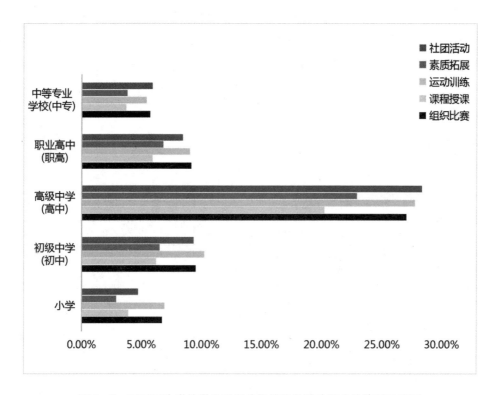

图6-9　不同层次学校学生对课外锻炼服务活动形式的情况示意图

　　根据以上调查信息我们可以得出，大部分学校学生认为以运动训练作为课外锻炼服务活动的开展形式最为合理，可以满足自身兴趣爱好和掌握一项体育技能的需求，而组织比赛可能会出现受伤情况，课程兴趣授课不一定满足所有中小学生要求和家长期望，社团活动主要以培养学生兴趣爱好为主，不一定可以使学生真正了解活动本身。

二、不同性质学校学生对课外锻炼服务的形式需求

中小学生所处的学校性质不同对课外锻炼服务的活动形式存在一定的影响，我国现阶段公立学校占主导，私立学校较少。无论是公立学校还是私立学校都认为运动训练的服务形式位居第一（占总数的60.40%），组织比赛位居第二（占总数的59.80%），社团活动位居第三（占总数58.00%）。公立学校中各项服务形式比例基本相同，课程授课形式略微突出（占公立总数的89.80%），而私立学校中则以运动训练形式为主导（占私立总数的10.80%）。运动训练服务形式可以引起中小学生的兴趣，培养中小学生课外锻炼能力，符合中小学生和家长的需求，私立学校以营利为目的，较好的口碑可以提高一定的声誉，增加学校生源。

表6-7 不同性质学校学生对课外锻炼服务的形式需求的列联分析

	公立	私立	其他	总计	x^2	L	P
组织比赛	89.20%	9.50%	1.40%	59.80%	21.869	21.617	<0.001
	53.30%	5.70%	0.80%				
课程授课	89.80%	9.20%	1.00%	40.50%	6.073	6.372	0.108
	36.40%	3.70%	0.40%				
运动训练	87.70%	10.80%	1.50%	60.40%	6.047	5.942	0.109
	52.90%	6.50%	0.90%				
素质拓展	89.30%	10.00%	0.70%	44.30%	18.888	20.383	<0.001
	39.50%	4.40%	0.30%				
社团活动	88.60%	10.30%	1.10%	58.00%	15.997	15.894	0.001
	51.40%	6.00%	0.60%				
其他	85.70%	7.90%	6.30%	6.50%	9.462	7.152	0.024
	5.60%	0.50%	0.40%				

续表

	公立	私立	其他	总计	x^2	L	P
不清楚	85.50%	9.10%	5.50%	5.70%	36.219	25.275	<0.001
	4.80%	0.50%	0.30%				
总计	87.60%	10.40%	2.00%	100.00%	145.327		<0.001

　　研究结果表明，课外锻炼服务活动的形式多种多样，大约分成组织比赛、课程授课、运动训练、素质拓展、社团活动五个部分。目前国家号召全民健身，不光是针对成年人，也包括中小学生。中小学生拥有一项或多项体育运动技能既可以增强自身体质又可以对今后发展起重要作用，现如今游泳、篮球、网球等体育项目已被纳入中考，不仅仅是学习成绩能决定未来发展，体育技能也会影响孩子的人生，因此根据我们课题组的预测，中小学生课外锻炼服务活动的发展会偏向于体育技能培训方向。

三、不同类型学校学生对课外锻炼服务的形式需求

　　中小学生的学校类型对政府购买中小学生课外锻炼服务活动形式存在一定的影响，认为活动形式为运动训练的体育类学校（占总数66.70%）比非体育类学校（占总数60.10%）高出6.6个百分点，体育类院校因为以体育活动为主，运动训练可以在一定程度上加强体育类学校的学生的自身运动技能，因此体育类学校在运动训练形式上的选择高于非体育类学校。认为社团活动的体育类学校（占总数42.20%）低于非体育类学校（占总数59.00%）16.8个百分点，非体育类学校以培养学生兴趣和爱好为主，社团活动组织简单参与感强，容易提高非体育类学生的参与度，因此非体育类院校高于体育类院校（图6-10）。

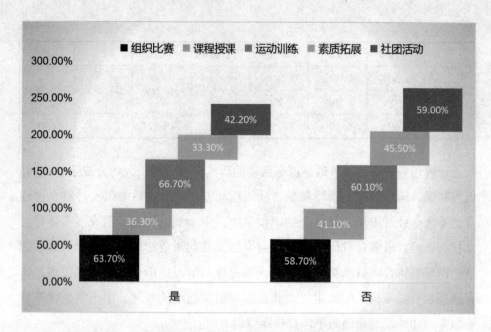

图6-10 不同类型学校学生对课外锻炼服务形式需求的情况示意图

中小学生正处于青春期，是释放自己天性的时候，课外体育锻炼活动不同于以往的课堂活动，可以使中小学生真正地走出教室走进操场，做自己喜欢的体育运动训练，再加上专门的课外锻炼服务活动教师指导，中小学生可以更好地满足自身的兴趣爱好。

五、不同区域学校学生对课外锻炼服务的形式需求

随着城乡协调发展深入推进，近年来，我国城市和农村在基础设施、居民收入、居民身份等方面的差距显著缩小。但与此同时，城乡居民在公共服务、家庭财产、教育水平等方面仍存在较大差距。我们可以发现，位于城市中的学生认为运动训练的服务形式占比最高（占总数的41.10%），位于乡镇中的学生认为组织比赛的服务形式占比最高（占总数的20.50%），城市中的学生认为素质拓展的服务形式（占总数29.30%）比乡镇中的学生认为素质拓展的服务形式（占总数13.60%）高了15.7个百分点。

表6-8 不同区域学校学生对课外锻炼服务形式需求的情况比较

	城市	乡镇	总计	x^2	L	P
组织比赛	38.40%	20.50%	58.90%	12.182	12.121	0.002
课程授课	28.30%	11.90%	40.20%	2.84	2.863	0.242
运动训练	41.10%	19.20%	60.30%	7.466	7.3	0.024
素质拓展	29.30%	13.60%	42.90%	0.217	0.218	0.897
社团活动	38.30%	18.50%	56.80%	0.639	0.635	0.727
其他	4.80%	1.60%	6.40%	10.31	8.109	0.006
不清楚	3.90%	2.50%	6.40%	13.715	10.1	0.001
总计	67.80%	32.20%	100.00%	53.71		0.106

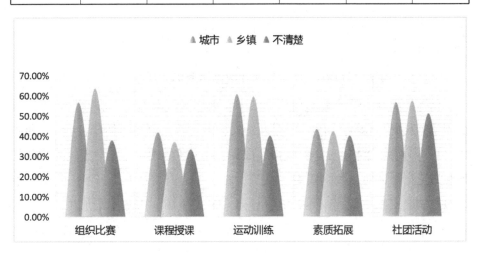

图6-11 不同区域学校学生对课外锻炼服务形式需求的情况示意图

研究结果表明,位于城市学校的学生希望课外锻炼的服务形式以运动训练为主,而位于乡镇学校的学生则希望以组织比赛为主。城市学生由于城市化和应试教育的影响对体育运动接触较少,课外锻炼服务活动是他们可以接触到运动训练的主要机会,乡镇学生空闲时间较多,一起进行活动的伙伴较多,组织比赛可以展现出他们不同的个人能力增进团队协作能力,可以更好地提高对课外锻炼服务参与的积极性。

第七章

政府购买中小学生课外锻炼服务家长需求研究

第一节　中小学生家长对政府购买课外锻炼服务的认知需求

一、中小学生家长对政府购买课外锻炼服务的了解

认知需求是人类的需要和动机之一，自从这一概念在 20 世纪 50 年代由美国学者科恩（Cohen，1982）等人正式提出，后经卡乔波（Cacioppo）和佩蒂（Petty）在 1982 年对这一概念进行验证后，现已成为心理学界较为成熟的概念，泛指个体对事物的了解、认识、希望等的内在动力。当前，我国各地各级政府购买中小学生课外锻炼服务尚未正式铺开，社会各界尤其是家长的认知需求如何将直接关系到政府购买中小学生课外锻炼服务的实施。调查结果表明，在包括（外）祖父母在内的中小学生家长中，只有占 10.7% 的父亲和 17.4% 的母亲比较了解（包括非常了解）政府购买课外锻炼服务。（外）祖父母的了解非常少，只有 0.4% 的（外）祖父母达到一般了解水平。其中，父母对政府购买中小学课外锻炼服务活动了解程度最高（占到家长总数的68.6%）。母亲（占家长总数的 39.9%）比父亲（占家长总数的 23.4%）的了解程度高，高于父亲 16.5 个百分点（图 7–1）。显然，父母是中小学生的直接监护人，对有关子女成长的信息一般会给予较多关注。

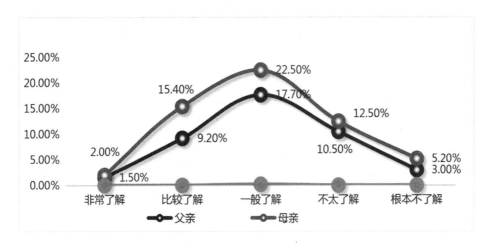

图 7 - 1 家长对政府购买中小学生课外锻炼服务的了解情况示意图

应该看到，尽管我国部分家长对于政府购买中小学生课外锻炼服务有所了解，但整体了解情况不高，隔代家长的了解更少。家庭是社会的细胞，是中小学生学习生活的主要环境，父母对学生的体育素养会产生直接的影响。因此，我国各级政府应尽早将中小学生课外锻炼服务纳入发展规划，并加大针对家庭的宣传力度，促使广大中小学生家长认知水平不断提高，以此有助于形成家庭关心支持中小学生课外锻炼的良好局面。

二、中小学生家长对政府购买课外锻炼服务的认识

家长对政府购买课外锻炼服务的认识可以从支持政府购买课外锻炼服务的程度来体现。调查结果表明，不同性别、年龄、身份的中小学生家长在是否支持实施政府购买课外锻炼服务方面不具有比较显著性，差异无统计学意义（$p > 0.05$）。而不同文化程度、职业的中小学生家长对是否支持实施课外锻炼服务具有比较显著性，差异有统计学意义（$p < 0.05$）（表 7 - 1）。

调查结果表明，支持政府购买课外锻炼服务家长的文化程度以本科为主（占家长总数的 69.4%），其次是大专（占家长总数的 13.1%）和硕士（占家长总数的 10.2%）。而位于文化程度两端的博士与高中以下学历家长比例最少

（二者占家长总数的3.2%）。从支持政府购买课外锻炼服务家长的职业来看，以公司职员为业的中小学生家长占比最高（占家长总数的57.1%），其次是事业单位、公务员及政府工作人员家长（占家长总数的12%），但与公司职员的家长相比差距很明显，相差45.1个百分点，其余职业家长所占比例均未超过10%（表7-1）。

表7-1 中小学生家长支持实施政府购买课外锻炼服务的情况比较 n=1046

		是	否	不清楚	总计	百分比%	x^2	P
文化程度	博士	8	1	1	10	1.0%	53.387	< 0.001
	硕士	102	3	2	107	10.2%		
	本科	672	33	21	726	69.4%		
	大专	115	12	10	137	13.1%		
	高中（中专）	36	4	3	43	4.1%		
	高中（中专）以下	14	8	1	23	2.2%		
职业	专业人士	111	6	5	122	11.7%	42.644	< 0.001
	服务业人员	23	3	1	27	2.6%		
	自由职业者	57	6	0	63	6.0%		
	工人	29	6	1	36	3.4%		
	公司职员	550	28	19	597	57.1%		
	事业单位	116	5	5	126	12.0%		
	家庭主妇	19	2	1	22	2.1%		
	农民	1	2	1	4	0.4%		
	其他	41	3	5	49	4.7%		

为进一步了解家长的需求趋势，我们可以使用单因素分析曲线来判定家长对政府购买课外锻炼服务的支持程度。调查结果表明，博士学历且在事业单位从业的家长对课外锻炼服务活动的支持程度最高（预测值为1.0），同样的情况也发生在以下组合：硕士学历且是自由职业者、本科学

历且是家庭主妇、高中学历以下且是工人的家长对课外锻炼服务活动支持程度均呈最高。而学历为大专的家长对课外锻炼服务活动的支持程度最为显著（预测值接近标准线1.5）。除其他因素外，所有职业家长都对政府购买课外锻炼服务呈支持趋势，其中事业单位、公务员及政府工作的家长支持程度最高（预测值为1.0）。总体来看，所有职业家长都对课外锻炼服务呈支持状态（预测值＜1.4）（图7-2）。可见，我国中小学生家长对学生课外锻炼服务十分重视，推进政府购买中小学生课外锻炼服务是家长们的真正需求。

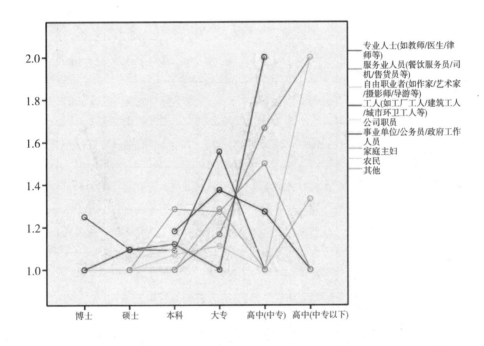

（单因素分析线形图预测值标注：**1.0＝**是 **2.0＝**否 **1.5＝**标准线）

图7-2　不同学历家长职业对政府购买课外锻炼服务支持情况单因素分析线形图

三、中小学生家长对政府购买课外锻炼服务的希望

调查结果表明，中小学生家长对政府购买中小学生课外锻炼服务建议选择超过50%以上的选项，按由大到小的排序依次是完善政府购买中小学生课

外锻炼服务的制度（占家长总数的 73.9%）、提高政府购买中小学生课外锻炼服务的质量（占家长总数的 71.6%）、扩大政府购买中小学生课外锻炼服务覆盖面（占家长总数的 53.3%）和扩大政府购买中小学生课外锻炼服务的规模（占家长总数的 51.6%）（表 7 - 2）。不难看出，家长对完善政府购买课外锻炼服务制度需求较大，这确实应该成为实施政府购买中小学生课外锻炼服务的首要任务。除此之外，进一步提高政府购买课外锻炼服务的质量，扩大受益面及规模也亟待被提上政府工作的建设日程。

表 7 - 2　不同年龄段家长对政府购买中小学生课外锻炼服务的建议

	21~30 岁	31~40 岁	41~50 岁	51 岁以上	总计	x^2	P
完善政府购买中小学生课外锻炼服务的制度	11.40%	50.50%	11.20%	0.90%	73.90%	1.848	0.605
理顺政府购买中小学生课外锻炼服务的机制	5.40%	33.10%	7.50%	0.70%	46.60%	8.619	0.035
提高政府购买中小学生课外锻炼服务的质量	10.30%	49.40%	11.20%	0.70%	71.60%	0.602	0.896
扩大政府购买中小学生课外锻炼服务的规模	7.50%	34.90%	8.90%	0.40%	51.60%	2.929	0.403
扩大政府购买中小学生课外锻炼服务覆盖面	6.80%	36.90%	9.00%	0.60%	53.30%	4.355	0.226
全国范围内实施政府购买中小学生课外锻炼服务	5.80%	24.50%	6.00%	0.10%	36.40%	4.665	0.198
吸引更多社会力量参与政府购买中小学生课外锻炼服务	5.60%	30.60%	7.70%	0.40%	44.40%	4.270	0.234
丰富政府购买中小学生课外锻炼服务的规模、内容和形式	6.00%	34.70%	8.40%	0.40%	49.50%	6.805	0.078
加强政府购买中小学生课外锻炼服务的宣传引导	5.70%	25.60%	5.00%	0.00%	36.30%	8.593	0.035

续表

	21～30 岁	31～40 岁	41～50 岁	51 岁以上	总计	x^2	P
建立健全政府购买中小学生课外锻炼服务的法规政策体系	5.30%	27.50%	7.40%	0.40%	40.50%	4.405	0.221
加强和其他课后服务（如音乐、艺术、舞蹈等）的配合	4.80%	25.40%	5.00%	0.40%	35.60%	2.449	0.485
加强政府购买中小学生课外锻炼服务的财政资金投入	4.90%	27.90%	7.50%	0.60%	40.80%	7.728	0.052
其他	0.00%	0.50%	0.20%	0.00%	0.70%	1.867	0.600
总计	14.70%	68.50%	15.70%	1.10%	100.00%	59.136	< 0.001

从年龄分布看，在划分的四个年龄段中，所有的家长均将完善政府购买中小学生课外锻炼服务的制度作为首选。尤其是在 31～40 岁年龄段，选择完善政府购买中小学生课外锻炼服务的制度达到 50.5%，比居第二位选项的 21～30 岁家长多出 39.1 个百分点（表 7-2）。当前，我国政府购买公共体育服务正在推进中，社会各界尤其是家长对政府购买中小学生课外锻炼服务需求不断高涨，必须下大力气加快政府购买中小学生课外锻炼服务的制度建设，并以此推进整体工作的实施。

第二节 中小学生家长对政府购买课外锻炼服务的内容需求

一、不同文化程度家长对政府购买课外锻炼内容的需求

我国《政府购买服务管理办法（暂行)》规定，政府购买服务的内容为适合采取市场化方式提供、社会力量能够承担的服务事项。《江苏省 2014 年度政府购买公共服务集中采购指导目录（暂行)》中将体育纳入文化体育服务范畴，涉及体育的主要有如下三个方面：体育活动和体育场馆服务；居民休

闲健身服务；其他文体娱乐服务。然而具体到政府购买中小学生课外锻炼服务，目前尚缺少实质性规定。那么，广大中小学生家长对课外锻炼服务内容的需求如何？调查结果表明，足球为喜爱程度最高的项目（占比为64.2%），其次是游泳（占总数比为63%）。另外，羽毛球、乒乓球的选择比例均在50%以上（图7-3）。

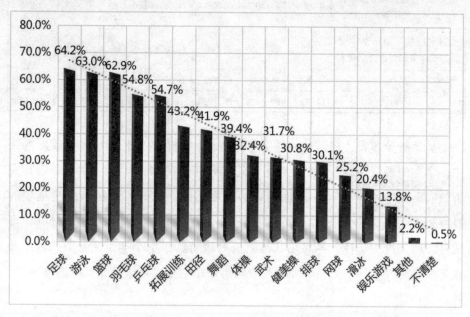

图7-3　家长对政府购买课外锻炼服务内容的需求总体分布示意图

研究发现，所有文化程度的中小学生家长都把足球项目作为需求首选（占家长总数的63.90%），其中硕士学历家长对足球项目的需求最高（占家长总数的71.00%），文化程度为博士的家长选择游泳项目的比例最高（占家长总数的70%），文化程度为本科学历的家长选择游泳项目的比例最高（占家长总数的71.80%），大专学历家长选择篮球项目最高（占家长总数的68.60%）。不同学历家长对篮球、羽毛球、乒乓球等球类运动的选择均超过半数（图7-4）。

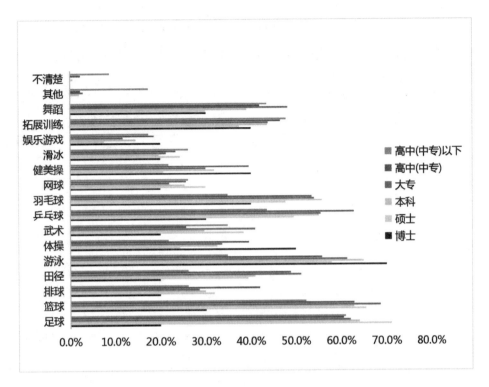

图7－4 不同文化程度家长对政府购买服务内容的需求示意图

2017年12月，体育总局、教育部、中央文明办、发展改革委、民政部、财政部、共青团中央七部门联合印发《青少年体育活动促进计划》，把三大球、田径、游泳、冰雪和民族传统体育项目作为青少年体育活动重点。在广泛开展青少年体育活动的首要任务中，还单独列出"大力发展青少年足球运动"的具体要求。以上调查结果充分显示出政策引导的积极作用。实践证明，球类运动的练习与形式具有多样性，中小学校可以根据自己学校的实际情况有差异化、选择性地开展不同的运动模式，政府购买中小学生课外锻炼服务应充分考虑将球类项目纳入政府采购清单序列。

二、不同区域家长对政府购买课外锻炼内容的需求

我国区域广阔，按地域分布可分为七大地理分区，并形成不同的民族风

情文化。研究结果表明，华东地区的游泳项目成为最具地域特色的运动内容（占总数的 14.10%），华南、西南地区的篮球项目成为该区域选择比例最高的项目（占总数的 6.20%）（表 7 - 3）。

表 7 - 3 不同区域家长对政府购买课外锻炼服务的内容需求分布表

	华东	华北	华中	华南	西南	西北	东北	总计	x2	p	L	R	V
足球	13.30%	6.90%	5.10%	5.70%	16.70%	5.70%	10.40%	63.90%	7.796	0.253	7.806	0.478	0.860
篮球	12.40%	6.00%	4.30%	6.20%	17.30%	6.30%	10.70%	63.30%	23.502	<0.001	23.742	9.299	0.150
排球	5.80%	3.20%	2.00%	2.60%	8.60%	3.20%	4.90%	30.20%	7.334	0.291	7.281	2.059	0.840
田径	8.40%	4.80%	3.80%	3.30%	11.30%	4.10%	6.10%	41.90%	12.461	0.052	12.474	0.004	0.109
游泳	14.10%	6.80%	4.20%	6.30%	15.20%	5.70%	10.40%	62.70%	7.026	0.318	7.287	0.031	0.820
体操	6.80%	4.10%	2.40%	3.50%	7.60%	2.60%	5.10%	32.00%	7.075	0.314	6.892	0.551	0.820
武术	6.40%	3.50%	2.90%	3.30%	8.50%	3.30%	3.90%	31.80%	15.284	0.018	15.606	0.221	0.121
乒乓球	10.70%	5.40%	4.70%	5.40%	14.60%	4.20%	9.50%	54.40%	15.658	0.016	15.745	2.390	0.122
羽毛球	12.20%	5.90%	4.50%	4.90%	14.00%	4.20%	8.30%	54.00%	7.344	0.29	7.355	1.807	0.840
网球	5.40%	3.40%	1.40%	2.10%	7.10%	2.30%	3.60%	25.30%	7.447	0.281	7.452	0.344	0.840
健美操	6.50%	3.30%	2.10%	2.90%	6.90%	2.80%	6.10%	30.60%	3.383	0.759	3.353	1.062	0.570
滑冰	4.70%	2.40%	1.30%	1.30%	4.10%	2.20%	4.60%	20.60%	8.655	0.194	8.586	1.040	0.910
娱乐游戏	2.30%	1.30%	1.10%	1.00%	3.70%	1.30%	3.00%	13.80%	5.709	0.457	5.844	4.499	0.740
拓展训练	9.20%	5.30%	3.30%	4.10%	10.40%	4.20%	6.70%	43.20%	5.871	0.438	5.869	0.202	0.750
舞蹈	8.10%	2.90%	3.30%	3.40%	10.00%	3.40%	8.30%	39.50%	15.547	0.016	15.915	8.235	0.122
其他	0.40%	0.10%	0.20%	0.20%	0.80%	0.20%	0.50%	2.30%	2.367	0.883	2.628	1.208	0.480
不清楚	0.10%	0.10%	0.10%	0.10%	0.10%	0.10%	0.10%	0.70%	1.64	0.95	1.529	0.001	0.400
总计	22.60%	10.90%	7.30%	8.50%	24.60%	8.70%	17.50%	100.00%	154.099	<0.001			

总体来看，足球运动项目在各地区选择比例最高（占总数的 63.9%），其次是篮球和游泳。值得注意的是，这三个运动项目的分布在不同区域存在一定差异（图 7 - 5、图 7 - 6、图 7 - 7）。以上表明，各区域由于结合自身的环境特点所开展的课外锻炼服务内容不尽相同，足球、篮球和游泳成为各区

域选择频率最高的运动项目。

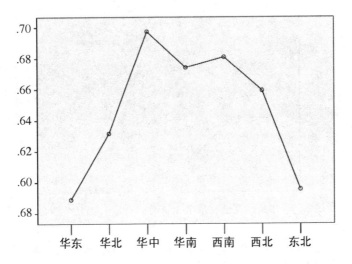

图7-5 足球项目在不同区域分布的单因素线性模型示意图

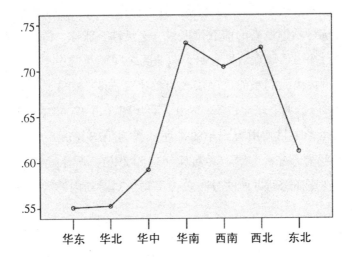

图7-6 篮球项目在不同区域分布的单因素线性模型示意图

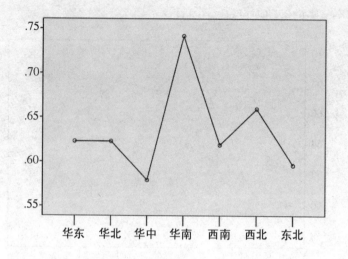

图 7 - 7 游泳项目在不同区域分布的单因素线性模型示意图

三、不同职业家长对政府购买课外锻炼内容的需求

中小学生家长的职业是否会对其选择政府购买课外锻炼服务需求有影响？我们以家长选择频率最高的前五位项目——足球、篮球、游泳、羽毛球和乒乓球为例进行探讨。调查结果表明，职业为公司职员的中小学生家长选择运动项目的比例按由大到小的排序依次为游泳（占 39.3%）、足球和篮球（二者均为 37.9%）、羽毛球（占 32.7%）、乒乓球（占 32.4%）。事业单位工作的家长选择运动项目按由大到小的排序依次为足球（占 8.9%）、篮球（占 8.7%）、羽毛球（占 8.3%）、乒乓球（占 8.2%）、游泳（占 7.8%）。其他职业的家长在选择运动方面的分布较为平均，对运动内容需求的差异不明显（图 7 - 8）。

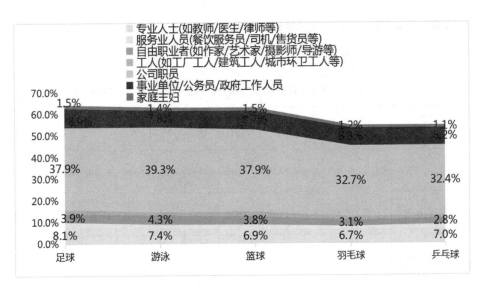

图 7 – 8　不同职业家长对政府购买课外锻炼服务内容需求分布示意图

我国家庭是中小学生课外锻炼习惯养成的关键场所，家庭对中小学生课外锻炼行为的影响尤为重要。在制度实施政府购买中小学生课外锻炼服务制度时，必须对家长对运动项目的需求这一问题充分重视。

第三节　中小学生家长对政府购买课外锻炼服务的时间需求

一、不同文化程度家长对政府购买课外锻炼服务时间的需求

教育部明确要求中小学生必须确保每天一小时的体育活动。当前，我国中小学生课外锻炼的时间选择较多，下午课后、大课间、周末、节假日等都可以进行课外锻炼活动。研究结果表明，大部分家长认为在下午课后开展课外活动较为适宜（占总数的 72.8%），但博士文化程度的家长在所有时间选择中认为大课间最多（占总数的 0.9%），高中（中专）及以下文化程度的家

长选择周末最多（占总数的 1.1%）（表 7 - 4）。以上表明，家长的文化程度对中小学生课外服务的开展时间需求存在一定影响。

表 7 - 4　不同文化程度家长对课外锻炼服务时间需求分布表

	博士	硕士	本科	大专	高中	高中以下	总计	x2	P	L	R	V
大课间	0.90%	4.10%	31.00%	6.40%	2.00%	0.90%	45.20%	10.614	0.060	11.516	0.001	0.101
下午课后	0.70%	7.60%	53.30%	8.30%	1.90%	0.90%	72.80%	40.4	< 0.001	36.693	28.525	0.197
周末	0.60%	5.90%	34.40%	6.00%	2.30%	1.10%	50.40%	4.598	0.467	4.614	0.644	0.660
节假日	0.20%	3.30%	15.20%	3.10%	1.80%	0.70%	24.20%	15.445	0.009	14.089	1.466	0.122
其他	0.10%	0.20%	1.10%	0.40%	0.10%	0.30%	2.20%	16.803	0.005	8.974	3.964	0.127
不清楚	0.00%	0.00%	0.50%	0.00%	0.00%	0.20%	0.70%	24.296	0.019	10.712	5.655	0.152
总计	1.00%	10.20%	69.40%	13.10%	4.10%	2.20%	100.00%	112.156	< 0.001			

研究发现，下午课后开展课外锻炼服务活动显著性最为明显（P < 0.001）且中小学生家长对下午课后开展课外锻炼服务活动支持程度最高（占总数的 72.8%），我们可以使用决策树模型对在支持下午课后开展课外锻炼活动的中小学生家长特征进行预测。研究发现，家长学历为本科、硕士、博士的对其支持程度高于大专和高中及高中以下学历的家长（76.5% > 63.5% > 56.1%），其中年龄在 31～50 岁的家长对下午课后开展活动支持程度明显高于 21～30 岁和 51 岁以上的家长（78.7% > 65.5%）（图 7 - 9）。

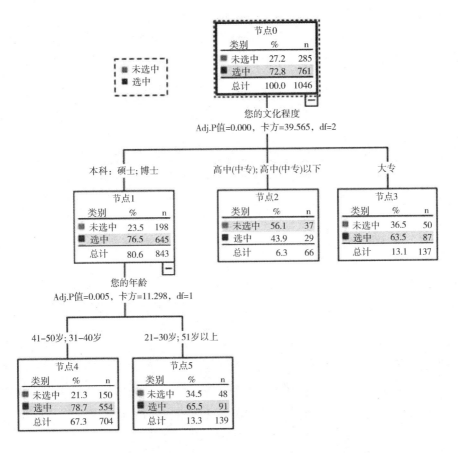

图7-9 下午课后开展政府购买课外锻炼服务的决策树模型

二、不同区域家长对政府购买课外锻炼服务时间的需求

随着城乡协调发展深入推进，近年来，我国城市和农村在基础设施、居民收入、居民身份等方面的差距显著缩小。但与此同时，城乡居民在公共服务、家庭财产、教育水平等方面仍存在较大差距。除下午课后的时间段外，个别区域的第二位选择有所差异。调查结果表明，华东、华北、华中、华南、西南地区均将周末作为排在第二位的选择（占同组选择总数的12%），而西北、东北地区将大课间作为排在第二位的选择（占同组选择总数的4.9%）（表7-5）。

表7-5 不同区域家长对政府购买课外锻炼服务时间的需求分布表

	华东	华北	华中	华南	西南	西北	东北	总计	x^2	p	L	R	V
大课间	8.80%	4.60%	3.20%	3.20%	11.50%	4.90%	9.20%	45.20%	15.033	0.02	15.064	10.995	0.12
下午课后	16.70%	9.00%	4.80%	6.90%	17.50%	5.80%	12.00%	72.80%	13.703	0.033	14.259	4.004	0.114
周末	11.30%	5.60%	4.30%	5.50%	12.00%	4.50%	7.10%	50.40%	17.74	0.007	17.926	3.212	0.13
节假日	6.70%	2.60%	2.00%	2.00%	5.50%	1.70%	3.60%	24.20%	6.881	0.332	6.782	5.609	0.81
其他	0.30%	0.40%	0.00%	0.40%	0.70%	0.30%	0.20%	2.20%	7.624	0.267	8.968	0.06	0.85
不清楚	0.00%	0.10%	0.10%	0.10%	0.20%	0.10%	0.10%	0.70%	2.759	0.838	4.138	0.528	0.51
总计	22.60%	10.90%	7.30%	8.50%	24.60%	8.70%	17.50%	100.00%	63.74	0.003			

通过对不同地区家长对开展课外锻炼时间需求的单因素线性分析发现，中小学家长希望下午课后开展课外锻炼服务活动的需求呈线性规律分布，其他时间段开展活动均存在线性交叉，存在分歧。无论是中小学生家长所在任何地区都认为在下午课后开展中小学生课外锻炼服务活动的比例较高，位于华中地区的家长认为在下午课后开展课外锻炼服务活动的比例高于位于其他地区的家长（图7-10、图7-11、图7-12、图7-13）。

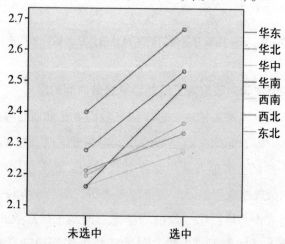

图7-10 不同区域家长对大课间时间需求的单因素线性模型示意图

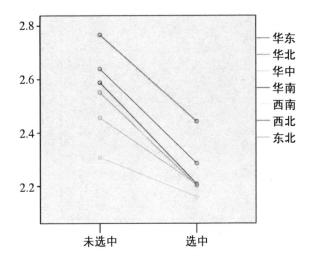

图7-11 不同区域家长对下午课后需求的单因素线性模型示意图

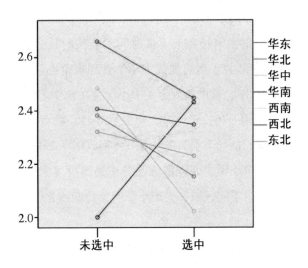

图7-12 不同区域家长对周末时间需求的单因素线性模型示意图

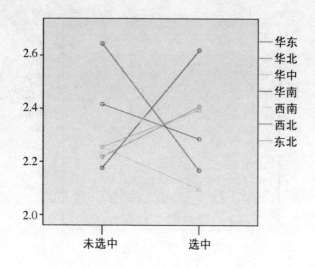

图7-13　不同区域家长对节假日时间需求的单因素线性模型示意图

以上表明，不同地区的中小学生家长都希望在下午课后开展课外锻炼服务活动，这与大多数中小学生家长在上下班时间不能按时接送子女有直接关系。早在2009年4月《教育部关于当前加强中小学管理规范办学行为的指导意见》（教基一〔2009〕7号）中，就严格规定了中小学生在校学习时间，将小学生下午放学时间规定为15：30—16：30。2017年3月6日，教育部印发《关于做好中小学生课后服务工作的指导意见》（教基一厅〔2007〕2号），再次直指三点半放学难题。政府购买中小学生课外锻炼服务正是解决了家长在下午三点半无法接送子女的问题，成为不同区域广大中小学生家长们的共性需求。

三、不同职业家长对中小学生课外锻炼服务时间的需求

中小学生家长的职业背景决定着他们的工作时间，并对其子女教育形成间接影响。调查结果显示，所有职业家长选择时间排序依次是下午课后（占总数的73.9％）、周末（占总数的50.6％）、大课间（占总数的44.7％）和节假日（占总数的24.7％）（表7-5）。

表7-5 不同职业家长对中小学生课外锻炼服务时间的需求分布表

	专业人士	服务业人员	自由职业者	工人	公司职员	事业单位	总计	x^2	p	L	R	V
大课间	5.40%	1.30%	2.80%	1.20%	27.80%	6.20%	44.70%	8.315	0.403	8.439	1.351	0.089
下午课后	9.20%	1.50%	4.30%	2.50%	47.30%	9.20%	73.90%	29.103	<0.001	27.840	0.767	0.167
周末	6.70%	1.30%	3.70%	1.50%	31.40%	5.90%	50.60%	4.96	0.762	4.975	0.832	0.690
节假日	2.60%	0.90%	1.50%	1.40%	14.50%	3.70%	24.70%	10.429	0.236	10.921	0.157	0.100
其他	0.30%	0.10%	0.30%	0.10%	0.90%	0.30%	2.10%	46.651	<0.001	14.080	0.000	0.211
不清楚	0.10%	0.00%	0.00%	0.10%	0.20%	0.10%	0.50%	41.245	<0.001	10.595	1.759	0.199
总计	12.60%	2.80%	6.50%	3.70%	61.50%	13.00%	100.00%	140.703	<0.001			

下午课后一般是政府购买中小学生课外锻炼服务的"黄金"时间，不同职业家长在除下午课后之后的第二时间选择上有所差异，公司职员、工人希望选择周末（占总数的31.4%），服务业人员希望选择周末或大课间（均占总数1.3%），事业单位人员选择在大课间（占总数的6.2%）（图7-14）。

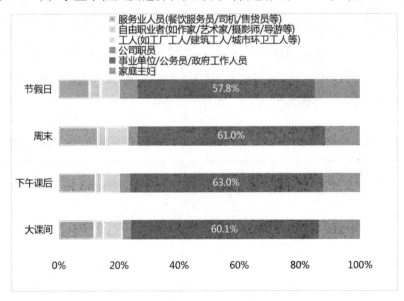

图7-14 不同职业家长选择政府购买课外锻炼服务时间分布示意图

节假日和周末多为家长和子女共同开展家庭活动的时间，而下午课后实施政府购买中小学生课外锻炼服务活动符合大部分家长意愿。下午课后在学校开展课外锻炼服务，不仅打消了家长对孩子人身安全的顾虑，还可保证国家每天锻炼一小时的要求，有利于增强广大中小学生的体质健康。

第四节　中小学生家长对政府购买课外锻炼服务的形式需求

一、不同文化程度家长对政府购买课外锻炼服务的形式需求

根据我国各地课外锻炼的实践，我国中小学生课外锻炼的形式一般包括组织比赛、运动训练、素质拓展、社团活动、课程传授等。调查结果表明，家长对政府购买中小学生课外锻炼服务形式需求按由大到小顺序依次是运动训练（占总数的70.40%）、技能传授（占总数的59.60%）、素质拓展（占总数的54.50%）、组织比赛（占总数的52.10%）和社团活动（占总数的38.50%）（表7-6）。值得注意的是，运动训练作为课外锻炼的必要形式，体现出鲜明的目的性，但不一定适合所有的学生。家长之所以将其作为首选，也可能与家长对课外锻炼的认知不足有很大关系。

表7-6　不同文化程度家长对政府购买中小学生课外锻炼服务形式需求分布表

	博士	硕士	本科	大专	高中（中专）	高中以下	总计	x^2	P	L	R	V
组织比赛	0.50%	8.00%	34.70%	7.00%	1.90%	0.00%	52.10%	15.453	0.009	15.815	0.033	0.122
技能传授	0.50%	6.60%	42.70%	7.00%	2.30%	0.50%	59.60%	6.214	0.286	6.303	3.477	0.770
运动训练	0.50%	6.10%	53.50%	7.50%	2.80%	0.00%	70.40%	8.257	0.143	7.504	0.318	0.890

续表

	博士	硕士	本科	大专	高中 (中专)	高中 以下	总计	x^2	P	L	R	V
素质 拓展	0.90%	6.60%	39.40%	5.60%	1.90%	0.00%	54.50%	6.359	0.273	6.170	0.011	0.780
社团 活动	0.00%	6.10%	25.40%	5.60%	1.40%	0.00%	38.50%	6.97	0.223	7.001	5.096	0.820
其他	0.00%	0.00%	1.40%	0.00%	0.00%	0.00%	1.40%	56.378	< 0.001	20.073	16.063	0.232
不清楚	0.00%	0.00%	0.50%	0.00%	0.00%	0.50%	0.50%	47.361	< 0.001	14.679	15.779	0.213
总计	0.90%	10.80%	72.30%	12.20%	3.30%	0.50%	100.00%	146.992	< 0.001			

研究发现，不同文化程度家长在对课外锻炼形式的选择上有所不同，文化程度为博士的家长首选素质拓展（占总数的0.90%），文化程度为硕士的家长首选组织比赛（占总数的8.00%），而文化程度为本科、大专、高中（中专）的家长首选为运动训练（分别占总数的53.5%、7.5%和2.8%），高中（中专）家长首选了技能传授（占总数的59.60%）（表7-6）。以上表明，我国不同文化程度的家长在选择课外锻炼的形式时是有差异的。为此，在安排政府购买课外锻炼服务时应予以一定重视。

二、不同区域家长对政府购买课外锻炼服务的形式需求

不同区域家长是否会因地域因素而对政府购买中小学生课外锻炼服务活动形式需求有影响？调查结果表明，首先，任何区域的家长均把运动训练作为政府购买课外锻炼服务形式的首选。其次，不同区域家长在不同形式的选择上有一定差异，在所有区域中，西南地区的家长选择组织比赛、技能传授、运动训练和素质拓展的比例位居第一，华东地区的家长选择社团活动的比例为第一。其他区域的家长选择差异性不大。最后，西南地区的家长选择有一定的特殊性。研究结果表明，西南地区家长选择运动训练、素质拓展、技能传授和组织比赛形式在所有区域中占比最高（分别占总数的20.6%、16.3%、14.4%和14.3%）（图7-15），这在一定程度上表明，西南地区中小学生家

长较为注重学生身体素质培养，相比于其他地区对学生运动技能发展的培训也较为重视。但总体看来我国不同地区开展课外锻炼服务形式以运动训练为主导，其他活动形式均衡发展。

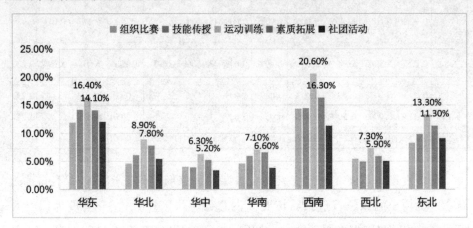

图 7-15 不同区域家长对中小学生课外锻炼服务形式需求列联分析示意图

三、不同职业家长对政府购买课外锻炼服务的形式需求

中小学生家长职业在一定程度上决定着对中小学生课外锻炼形式，研究结果表明，所有职业家长均将运动训练形式作为首选（占总数的80.00%），其次是选择素质拓展（占总数的67.10%），第三至第四位分别是课程授课（占总数的60.40%）、组织比赛（占总数的52.90%）（表7-7）。

表 7-7 不同职业家长对政府购买课外锻炼服务的形式需求分布表

	专业人士	服务业人员	自由职业者	工人	公司职员	事业单位及政府工作人员	总计	x^2	p	L	R	V
组织比赛	6.20%	1.30%	3.50%	1.60%	32.20%	8.00%	52.90%	8.479	0.388	8.581	1.911	0.9
课程授课	6.30%	1.30%	3.90%	2.20%	38.50%	8.10%	60.40%	14.442	0.071	14.276	0.384	0.118

续表

	专业人士	服务业人员	自由职业者	工人	公司职员	事业单位及政府工作人员	总计	x^2	p	L	R	V
运动训练	10.40%	2.50%	4.90%	2.80%	49.00%	10.40%	80.00%	5.513	0.702	5.243	0.894	0.73
素质拓展	7.80%	1.40%	4.40%	2.40%	42.90%	8.10%	67.10%	8.243	0.41	8.025	1.052	0.89
社团活动	7.00%	0.90%	3.00%	1.10%	30.70%	7.30%	50.10%	22.496	0.004	23.148	0.064	0.147
其他	0.20%	0.10%	0.20%	0.30%	0.80%	0.00%	1.60%	28.158	< 0.001	17.054	0.567	0.164
不清楚	0.00%	0.00%	0.20%	0.10%	0.20%	0.10%	0.60%	41.521	< 0.001	14.322	1.662	0.199
总计	12.60%	2.80%	6.50%	3.70%	61.50%	13.00%	100.00%	128.851	< 0.001			

就某一职业而言，职业为公司职员的中小学生家长选择素质拓展最多（占总数的64%），职业为事业单位、公务员、政府工作人员的家长中对组织比赛需求最高（占总数的15.2%），职业为专业人员的中小学生家长对社团活动需求最高（占总数的14%），而服务人员对运动训练的需求最高（占总数的3.1%）（图7-16）。总体来说，中小学生家长职业的不同在一定程度上决定着对中小学生课外锻炼形式的选择。

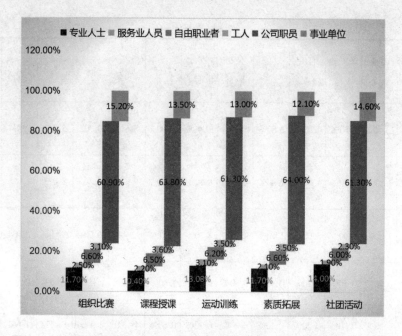

图 7 - 16 不同职业家长对中小学生课外锻炼服务形式需求列联分析示意图

第八章

政府购买中小学生课外锻炼服务制度中小学校认知需求研究

第一节　中小学校对政府购买课外锻炼服务的了解情况

中小学校对政府购买课外锻炼服务及其相关政策的了解情况如何，是当前在政府购买中小学生课外锻炼服务中，非常值得关心的一个问题。调查结果显示，中小学校对政府购买课外锻炼服务的了解情况高（非常了解＋比较了解占41.6%），对政府购买课外锻炼服务相关政策的不了解情况高（不太了解＋根本不了解占33.1%）。由此可见，中小学校对政府购买课外锻炼服务相对了解，对政府购买课外锻炼服务相关政策相对陌生（图8-1）。

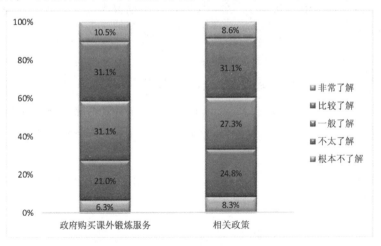

图8-1　中小学校对政府购买课外锻炼服务及其相关政策了解情况

　　不同年级中小学对政府购买中小学生课外锻炼服务了解情况得分无显著差异，对政府购买中小学生课外锻炼服务的相关政策了解情况得分呈现显著性差异（P = 0.004 < 0.05）。这说明不同年级中小学对政府购买课外锻炼服务了解程度差异不大，差异主要体现在相关政策的了解里。在对相关政策了解上，中专得分最高（3.75），其次是初中（3.31），由此可见，中专和初中对政府购买中小学生课外锻炼服务了解程度高，对政策相对于其他年级更为敏感（表8 −1）。

表8 −1　不同年级中小学对政府购买课外锻炼服务及其相关政策的单因素方差分析结果

维度	小学	初中	高中	职高	中专	F 值	P 值
政府购买中小学生课外锻炼服务	−	−	−	−	−	1.304	0.269
政府购买中小学生课后体育锻炼服务相关政策	2.80	3.31	2.94	2.70	3.75	3.920	0.004

注：根本不了解 = 1，不太了解 = 2，一般了解 = 3，比较了解 = 4，非常了解 = 5

　　不同类型中小学对政府购买中小学生课外锻炼服务了解情况得分呈现显著性差异（P = 0.016 < 0.05），对相关政策了解情况得分无差异。这说明不同类型中小学对政府购买课外锻炼服务相关政策了解程度差异不大，差异主要体现在对政府购买课外锻炼服务本身的了解里。在对政府购买中小学生课外锻炼服务了解上，体育传统项目学校得分最高（4.47），远高于其他类型中小学，由此可见，体育传统项目学校对政府购买中小学生课外锻炼服务最了解（表8 −2）。

表8-2 不同类型中小学对政府购买课外锻炼服务及其相关政策的单因素方差分析结果

维度	业余体校	中专体校	少体校	体育传统项目学校	其他	F值	P值
政府购买中小学生课外锻炼服务	3.50	3.67	3.00	4.47	2.50	3.574	0.016
政府购买中小学生课后体育锻炼服务相关政策	-	-	-	-	-	0.863	0.497

注：根本不了解=1，不太了解=2，一般了解=3，比较了解=4，非常了解=5

中小学对政府购买中小学生课外锻炼服务所需师资、所需场地设施、所需经费了解情况又是怎样的呢？调查结果显示，中小学表示在这三者中非常充足情况不好，三者非常充足占总体的比例都仅为百分之十左右。在三者不太充足中比较明显的是当地所需师资，在三者严重不足中比较明显的是当地所需经费。由此可见，师资是当地政府购买中小学生课外锻炼服务最大的问题，经费问题也不容忽视（图8-2）。

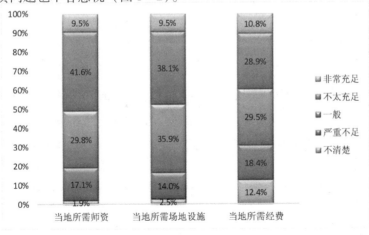

图8-2 中小学校对政府购买课外锻炼服务所需师资、所需场地设施、所需经费了解情况

不同区域中小学对政府购买中小学生课外锻炼服务所需师资了解情况得分呈现显著性差异（P = 0.009 < 0.05），对所需场地设施、所需经费了解情况无差异。这说明不同区域中小学对当地政府购买课外锻炼服务所需场地设施、所需经费了解程度差异不大，差异主要体现在所需师资中。按得分从高到低依次是东北（3.78）、华北（3.74）、华南（3.52）、华中（3.34）、西南（3.30）、西北（3.29）和华东（3.18）。由此可见，东北和华北地区政府购买中小学生课外锻炼服务师资情况与其他区域相比较充足（表8-3）。

表8-3 不同区域中小学校对政府购买课外锻炼服务师资、设施、经费单因素方差分析结果

维度	华东	华北	华中	华南	西南	西北	东北	F值	P值
当地所需师资	3.18	3.74	3.34	3.52	3.30	3.29	3.78	2.905	0.009
当地所需场地设施	–	–	–	–	–	–	–	1.396	0.216
当地所需经费	–	–	–	–	–	–	–	1.349	0.235

注：不清楚 = 1，严重不足 = 2，一般 = 3，不太充足 = 4，非常充足 = 5

不同性质中小学对政府购买中小学生课外锻炼服务所需师资了解情况得分呈现显著性差异（P = 0.027 < 0.05），对政府购买中小学生课外锻炼服务所需场地设施了解情况得分呈现显著性差异（P = 0.039 < 0.05），对所需经费了解情况无差异。这说明不同性质中小学对当地政府购买课外锻炼服务所需经费了解程度差异不大，差异主要体现在所需师资和场地设施中。在当地所需师资上，市级重点中小学得分也最高（3.63），在当地所需场地设施上，市级重点中小学得分也最高（3.61）。由此可见，市级重点中小学在政府购买中小学生课外锻炼服务师资情况和场地设施情况上较充足（表8-4）。

表8-4 不同区域中小学校对政府购买课外锻炼服务师资、设施、经费单因素方差分析结果

维度	省级重点	市级重点	县级重点	F值	P值
当地所需师资	3.24	3.63	3.21	3.685	0.027
当地所需场地设施	3.38	3.61	3.15	3.303	0.039

续表

维度	省级重点	市级重点	县级重点	F 值	P 值
当地所需经费	－	－	－	1.055	0.350

注：不清楚 =1，严重不足 =2，一般 =3，不太充足 =4，非常充足 =5

第二节 中小学校对政府购买课外锻炼服务的态度情况

调查结果显示，中小学认为政府购买课外锻炼服务比较重要占全体的41.6%，非常重要占全体的35.2%，合占约7成以上。由此可见，中小学对政府购买课外锻炼服务态度十分明确，绝大多数中小学认为政府购买课外锻炼服务很重要（图8－3）。

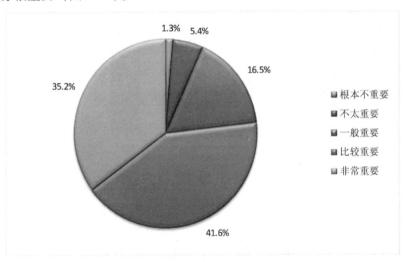

图8－3 中小学认为政府购买中小学生课外锻炼服务重要情况

关于利益相关者，弗里曼在其著作《战略管理：利益相关者方法》中将利益相关者定义为"能够影响组织目标实现或者被组织目标实现过程所影响的人或团体"。① 有学者对政府购买服务中利益相关者进行总结,提出政府购买的核心利益相关者是政府、社会力量和受众群体。② 由此本书调查了中小学校对政府购买课外锻炼服务不同利益相关者（政府部门、学校、家长和学生）的重要情况。

调查结果显示,中小学表示政府购买课外锻炼服务对学生非常重要程度最高（46.0%）,政府购买课外锻炼服务对学校比较重要程度最高（43.2%）。将非常重要和比较重要进行相加,由高到低排序依次为对学生（76.8%）、对学校（68.9%）、对家长（62.2%）和对政府部门（54.6%）。由此可见,中小学认为政府购买课外锻炼服务对学生最为重要（图8-4）。

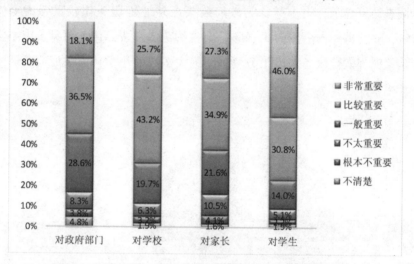

图8-4 中小学认为政府购买中小学生课外锻炼服务不同利益相关者的态度情况

不同区域中小学认为政府购买中小学生课外锻炼服务对学校重要程度得分呈现显著性差异（P=0.026<0.05）,对政府部门、家长、学生重要程度无差异。这说明不同区域中小学认为在利益相关者中对政府部门、家长和学生

---

① 弗里曼. 战略管理:利益相关者方法 [M]. 上海:上海译文出版社,2006:87-88.
② 吴磊,徐家良. 政府购买公共服务风险生成机理研究——基于利益相关者权利对称视角 [J]. 华东理工大学学报（社会科学版）,2019,34（1）:93-100.

重要程度差异不大，差异主要体现在对学校的重要程度中。得分最高的地区是东北地区（5.41），其他地区从高到低依次排序是华中（4.84）、华东（4.82）、华南（4.68）、西南（4.63）、华北（4.55）和西北（4.42）。由此可见，相较于其他地区，东北地区中小学认为政府购买课外锻炼服务对学校本身最重要（表8-5）。

表8-5 不同区域中小学对利益相关者单因素方差分析结果

维度	华东	华北	华中	华南	西南	西北	东北	F 值	P 值
对政府部门	-	-	-	-	-	-	-	0.456	0.840
对学校	4.82	4.55	4.84	4.68	4.63	4.42	5.41	2.426	0.026
对家长	-	-	-	-	-	-	-	1.512	0.174
对学生	-	-	-	-	-	-	-	0.627	0.708

注：不清楚=1，根本不重要=2，不太重要=3，一般重要=4，比较重要=5，非常重要=6

不同区域中小学认为政府购买中小学生课外锻炼服务对政府部门重要程度得分呈现显著性差异（P=0.033<0.05），对学校、家长、学生重要程度无差异。这说明不同类型中小学认为在利益相关者中对学校、家长和学生重要程度差异不大，差异主要体现在对政府部门的重要程度中。体育传统项目学校得分最高（5.33），少体校得分最低（3.5），由此可见，相较于其他类型，体育传统项目学校认为政府购买课外锻炼服务对政府部门有很高的重要性（表8-6）。

表8-6 不同类型中小学对利益相关者单因素方差分析结果

维度	业余体校	中专体校	少体校	体育传统项目学校	其他	F 值	P 值
对政府部门	4.75	4.44	3.50	5.33	5.00	3.002	0.033
对学校	-	-	-	-	-	1.789	0.156

续表

维度	业余体校	中专体校	少体校	体育传统项目学校	其他	F 值	P 值
对家长	-	-	-	-	-	1.465	0.237
对学生	-	-	-	-	-	1.683	0.179

注：不清楚=1，根本不重要=2，不太重要=3，一般重要=4，比较重要=5，非常重要=6

第三节　中小学校对政府购买课外锻炼服务的支持情况

调查结果显示，绝大多数中小学（83.5%）表示支持学校实施政府购买中小学生课外锻炼服务，只有极少部分中小学（4.1%）表示不支持学校实施政府购买中小学生课外锻炼服务。由此可见，政府购买课外锻炼服务倍受中小学支持，中小学作为实施主体，需要获取政策和制度的支持（图8-5）。

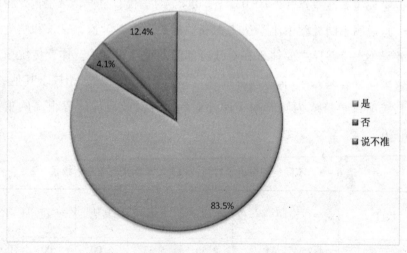

图8-5　中小学是否支持学校实施政府购买中小学生课外锻炼服务情况

从调查结果可以看出，针对不支持学校实施政府购买中小学生课外锻炼服务原因设置的 14 个选项中，怕受伤占不支持学校实施人数的近四成 (38.5%)，怕收费占不支持学校实施人数的近四成 (38.5%)，怕耽误其他学习任务占不支持学校实施人数的近四成 (38.5%)。由此可见，中小学不支持学校实施政府购买中小学生课外锻炼服务的原因主要是怕学生受伤、怕收费和怕耽误其他学习任务（图 8 - 6）。

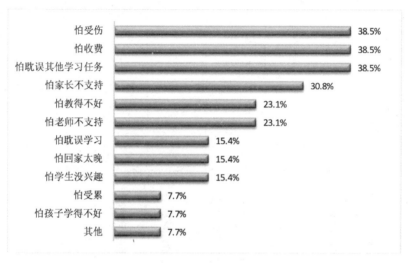

图 8 - 6　中小学不支持学校实施政府购买中小学生课外锻炼服务的原因

分析显示：不同重点性质中小学不支持学校实施政府购买中小学生课外锻炼服务的原因存在显著差异（$X^2 = 52.896$，在 0.05 显著性水平下 $P = 0.034 < 0.05$）。调查结果显示，省重点中小学不支持的首要原因是怕学生受伤，并且这种顾虑远高于县重点；市重点中小学不支持的首要原因是怕教得不好，并且这种顾虑远高于省重点；县重点中小学不支持的原因相对复杂，包括怕收费、怕耽误其他学习任务、怕学生没兴趣、怕家长不支持，其中在怕收费、怕耽误其他学习任务的顾虑上远高于市重点，在怕学生没兴趣、怕家长不支持的顾虑上远高于省重点。（表 8 - 7，图 8 - 7）。

表8-7　不同重点性质中小学不支持学校实施政府购买中小学生课外锻炼服务的原因

不支持原因	省重点		市重点		县重点	
	排名	百分比	排名	百分比	排名	百分比
怕受伤	1	100.0%	2	25.0%	5	0.0%
怕回家太晚	2	50.0%	2	25.0%	5	0.0%
怕耽误学习	2	50.0%	7	0.0%	5	0.0%
怕受累	2	50.0%	7	0.0%	5	0.0%
怕收费	2	50.0%	7	0.0%	1	100.0%
怕耽误其他学习任务	2	50.0%	7	0.0%	1	100.0%
怕教得不好	7	0.0%	1	75.0%	5	0.0%
怕学生没兴趣	7	0.0%	2	25.0%	1	100.0%
怕孩子学得不好	7	0.0%	2	25.0%	5	0.0%
怕家长不支持	7	0.0%	2	25.0%	1	100.0%

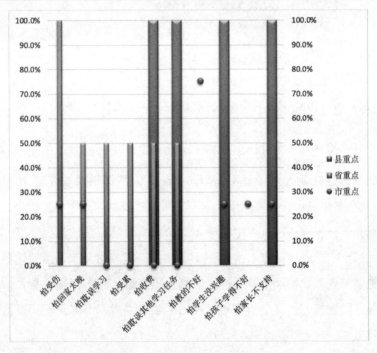

图8-7　不同重点性质中小学不支持学校实施政府购买中小学生课外锻炼服务的原因

比较区域差异发现，不同地域中小学不支持学校实施政府购买中小学生课外锻炼服务的原因存在显著性差异（$X^2 = 102.872$，在 0.05 显著性水平下 $P = 0.010 < 0.05$）。调查结果显示，华东地区不支持的原因主要有怕教得不好、怕学生受伤，华北地区不支持的原因主要有怕回家太晚、怕学生没兴趣、怕家长不支持，华北地区不支持的首要原因是怕耽误其他学习任务，华南地区不支持的首要原因是怕收费，西南地区不支持的原因主要有怕耽误其他学习任务、怕耽误学习，西北地区不支持的原因主要有怕收费、怕老师不支持、怕家长不支持，东北地区不支持的原因主要有怕受伤、怕耽误学习、怕受累、怕收费。由此可见，不支持实施的首要顾虑相较于其他地区来看，华东地区怕教得不好，东北地区怕受累，西北地区怕家长不支持（表 8 – 8，图 8 – 8）。

表 8 – 8　不同区域中小学不支持学校实施政府购买中小学生课外锻炼服务的原因

不支持原因	华东		华北		华中		华南		西南		西北		东北	
	排名	百分比	排名	百分比	排名	百分比	排名	百分比	排名	百分比	排名	百分比	排名	百分比
怕教得不好	1	60.0%	4	0.0%	6	0.0%	6	0.0%	4	0.0%	4	0.0%	5	0.0%
怕受伤	1	60.0%	4	0.0%	6	0.0%	2	50.0%	4	0.0%	4	0.0%	1	100.0%
怕回家太晚	3	20.0%	1	100.0%	6	0.0%	6	0.0%	4	0.0%	4	0.0%	5	0.0%
怕耽误其他学习任务	3	20.0%	4	0.0%	1	100.0%	2	50.0%	1	100.0%	4	0.0%	5	0.0%
怕孩子学得不好	3	20.0%	4	0.0%	6	0.0%	6	0.0%	4	0.0%	4	0.0%	5	0.0%
怕耽误学习	6	0.0%	4	0.0%	6	0.0%	6	0.0%	1	100.0%	4	0.0%	1	100.0%
怕受累	6	0.0%	4	0.0%	6	0.0%	6	0.0%	4	0.0%	4	0.0%	1	100.0%
怕收费	6	0.0%	4	0.0%	2	50.0%	1	100.0%	4	0.0%	1	100.0%	1	100.0%
怕学生没兴趣	6	0.0%	1	100.0%	2	50.0%	6	0.0%	4	0.0%	4	0.0%	5	0.0%
怕老师不支持	6	0.0%	4	0.0%	2	50.0%	2	50.0%	4	0.0%	1	100.0%	5	0.0%
怕家长不支持	6	0.0%	1	100.0%	2	50.0%	2	50.0%	4	0.0%	1	100.0%	5	0.0%
其他	6	0.0%	4	0.0%	6	0.0%	6	0.0%	1	100.0%	4	0.0%	5	0.0%

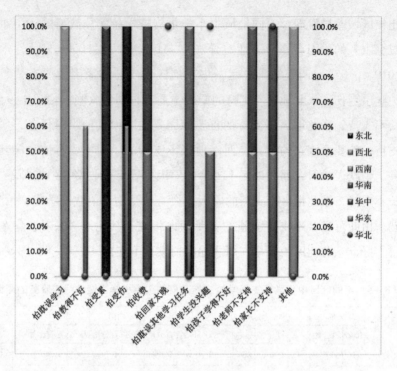

图 8 - 8　不同区域中小学不支持学校实施政府购买课外锻炼服务的原因

第四节　中小学校对政府购买课外锻炼服务的希望建议

调查结果显示，在中小学对政府购买中小学生课外锻炼服务的 13 个建议选项中，提出最多的是"完善政府购买中小学生课外锻炼服务的制度"，占提出建议的受访者总人数（315）的近七成（67.0%），其次是"提高政府购买中小学生课外锻炼服务的质量"，约占六成（64.1%），再次是"理顺政府购买中小学生课外锻炼服务的机制"，约占五成（54.9%）。由此可见，完善制度是中小学对政府购买中小学生课外锻炼服务的首要建议，紧随其后的是提高质量和理顺机制（图 8 - 9）。

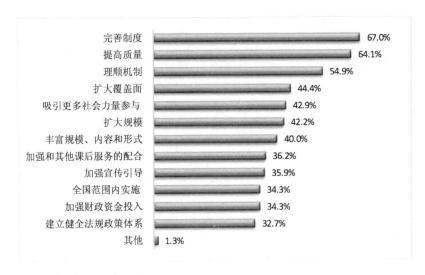

图 8 - 9　中小学对政府购买中小学生课外锻炼服务的建议情况

　　分析显示，重点中小学和普通中小学对政府购买中小学生课外锻炼服务的建议存在显著差异（$X^2 = 27.875$，在 0.05 显著性水平下 $P = 0.009 < 0.05$）。排在前三位的建议都是提高质量、完善制度和理顺机制，排在第四位的建议出现比较大的差异，重点中小学更建议"扩大政府购买中小学生课外锻炼服务覆盖面"，普通中小学更建议"丰富政府购买中小学生课外锻炼服务的规模、内容和形式"。（表 8 - 9，图 8 - 10）

表 9　重点中小学和普通中小学对政府购买课外锻炼服务的建议

希望建议	重点中小学		普通中小学	
	排名	百分比	排名	百分比
提高质量	1	64.2%	2	64.1%
完善制度	2	63.0%	1	71.8%
理顺机制	3	49.7%	3	61.3%
扩大覆盖面	4	42.8%	5	46.5%
吸引更多社会力量参与	5	41.0%	6	45.1%

续表

希望建议	重点中小学		普通中小学	
	排名	百分比	排名	百分比
扩大规模	6	39.9%	6	45.1%
全国范围内实施	7	34.7%	12	33.8%
丰富规模、内容和形式	8	34.1%	4	47.2%
加强宣传引导	9	32.9%	8	39.4%
加强和其他课后服务的配合	10	31.2%	7	42.3%
加强财政资金投入	11	30.1%	10	39.4%
建立健全的法规政策体系	12	27.7%	11	38.7%
其他	13	1.7%	13	0.7%
$X^2 = 27.875$，$P = 0.009$				

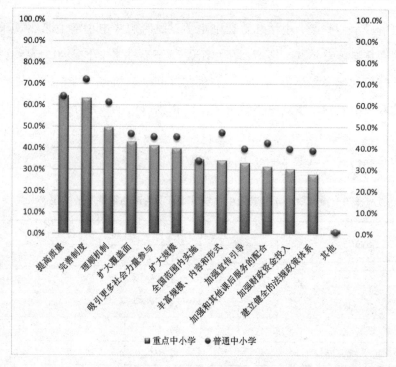

图 8-10　重点中小学和普通中小学对政府购买中小学生课外锻炼服务的建议

进行交互分析发现，不同重点性质中小学和普通中小学对政府购买中小学生课外锻炼服务的建议存在显著差异（$X^2 = 27.875$，在 0.05 显著性水平下 $P = 0.009 < 0.05$）。排在前三位的建议都是提高质量、完善制度和理顺机制，差异明显的是排在第四位的建议，省重点中小学比县重点中小学更建议"吸引更多社会力量参与政府购买中小学生课外锻炼服务"，而县重点中小学比省重点中小学更建议"丰富政府购买中小学生课外锻炼服务的规模、内容和形式"（表 8 – 10，图 8 – 11）。

表 8 – 10　不同重点性质中小学对政府购买中小学生课外锻炼服务的建议

希望建议	省重点		市重点		县重点	
	排名	百分比	排名	百分比	排名	百分比
完善制度	1	69.0%	2	58.8%	2	67.6%
提高质量	2	54.8%	1	66.0%	1	70.6%
理顺机制	3	47.6%	3	48.5%	3	55.9%
吸引更多社会力量参与	4	42.9%	6	41.2%	11	38.2%
扩大覆盖面	5	38.1%	4	44.3%	5	44.1%
加强宣传引导	6	33.3%	9	28.9%	5	44.1%
扩大规模	7	31.0%	5	41.2%	7	47.1%
全国范围内实施	8	28.6%	7	35.1%	9	41.2%
建立健全的法规政策体系	8	28.6%	12	24.7%	12	35.3%
加强和其他课后服务的配合	8	28.6%	10	26.8%	6	47.1%
加强财政资金投入	8	28.6%	10	26.8%	9	41.2%
丰富规模、内容和形式	12	23.8%	8	33.0%	4	50.0%
其他	13	2.4%	13	0.0%	13	5.9%
$X2 = 60.334$，$P = 0.016$						

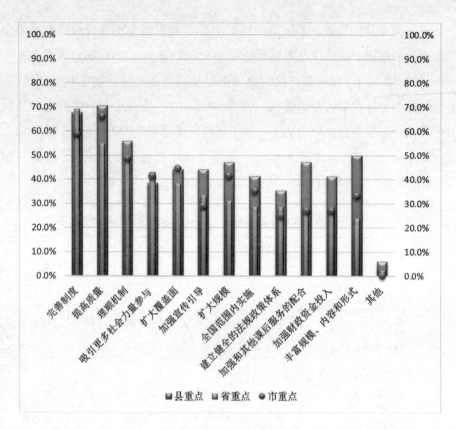

图 8 – 11　不同重点性质中小学对政府购买中小学生课外锻炼服务的建议

进一步交互分析发现，不同地区中小学对政府购买中小学生课外锻炼服务的建议存在显著性差异（$X^2 = 111.143$，在 0.05 显著性水平下 $P = 0.008 < 0.05$）。各地排两位的建议基本一致是"完善政府购买中小学生课外锻炼服务的制度"和"理顺政府购买中小学生课外锻炼服务的机制"；比较大的差异有东北地区比华东地区更建议"扩大政府购买中小学生课外锻炼服务覆盖面"，华南地区比东北地区更建议"提高政府购买中小学生课外锻炼服务的质量"，西北地区比华南地区更建议"扩大政府购买中小学生课外锻炼服务的规模"，华东地区比华南地区更建议"吸引更多社会力量参与政府购买中小学生课外锻炼服务"（表 8 – 11，图 8 – 12）。

表 8-11 不同地区中小学对政府购买中小学生课外锻炼服务的建议

希望建议	华东		华北		华中		华南		西南		西北		东北	
	排名	百分比	排名	百分比	排名	百分比	排名	百分比	排名	百分比	排名	百分比	排名	百分比
理顺机制	1	70.0%	2	57.1%	2	63.2%	3	52.3%	2	70.0%	1	83.3%	1	48.1%
完善制度	2	69.0%	1	61.9%	1	71.1%	1	68.2%	1	75.0%	2	66.7%	1	48.1%
提高质量	3	68.0%	3	50.0%	5	52.6%	2	61.4%	3	45.0%	4	50.0%	7	25.9%
吸引更多社会力量参与	4	49.0%	6	35.7%	8	50.0%	8	38.6%	3	45.0%	7	33.3%	7	25.9%
扩大规模	5	46.0%	6	35.7%	3	55.3%	12	31.8%	5	40.0%	3	58.3%	5	33.3%
全国范围内实施	5	46.0%	5	38.1%	9	42.1%	7	40.9%	6	37.5%	11	29.2%	6	29.6%
扩大覆盖面	7	44.0%	4	40.5%	5	52.6%	4	45.5%	6	37.5%	6	45.8%	1	48.1%
建立健全的法规政策体系	7	44.0%	12	19.0%	5	52.6%	9	36.4%	8	30.0%	7	33.3%	12	18.5%
加强和其他课后服务的配合	9	39.0%	10	26.2%	12	36.8%	10	34.1%	12	25.0%	7	33.3%	11	22.2%
加强宣传引导	10	35.0%	9	31.0%	9	42.1%	10	34.1%	10	27.5%	7	33.3%	4	37.0%
丰富规模、内容和形式	11	34.0%	8	33.3%	9	42.1%	6	43.2%	8	30.0%	12	25.0%	7	25.9%
加强财政资金投入	12	33.0%	11	23.8%	4	55.3%	4	45.5%	10	27.5%	4	50.0%	7	25.9%
其他	13	3.0%	13	0.0%	13	0.0%	13	0.0%	13	2.5%	13	0.0%	13	0.0%
$X^2 = 111.143$，$P = 0.008$														

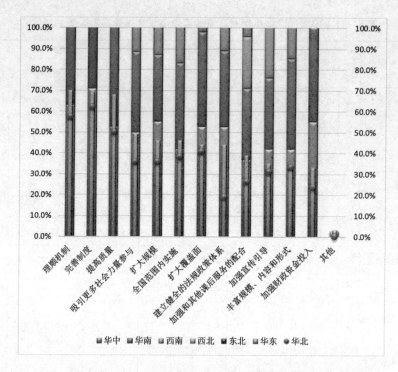

图 8 – 12 不同地区中小学对政府购买中小学生课外锻炼服务的建议

第九章

政府购买中小学生课外锻炼服务制度社会力量认知需求研究

第一节　社会力量对政府购买中小学生课外锻炼服务的了解情况

一、社会力量对政府购买中小学生课外锻炼服务的整体了解情况

政府购买课外锻炼服务的上位概念是政府购买青少年服务和政府购买公共体育服务。在下文中，以一般了解为界，将非常了解＋比较了解视为了解，将不太了解＋根本不了解视为不了解。调查结果显示，社会力量对政府购买公共体育服务的了解程度（39.8%）高于对政府购买公共体育服务的不了解程度（28.8%）；社会力量对政府购买青少年体育服务的了解程度（36.7%）高于对政府购买青少年体育服务的不了解程度（34.2%）；社会力量对政府购买中小学生课外锻炼服务的了解程度（39.0%）高于对政府购买中小学生课外锻炼服务的不了解程度（33.7%）。对比来看，在这三者中，社会力量最了解政府购买公共体育服务，最不了解政府购买青少年体育服务。

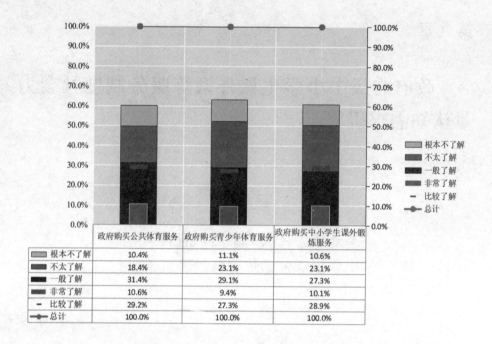

	政府购买公共体育服务	政府购买青少年体育服务	政府购买中小学生课外锻炼服务
根本不了解	10.4%	11.1%	10.6%
不太了解	18.4%	23.1%	23.1%
一般了解	31.4%	29.1%	27.3%
非常了解	10.6%	9.4%	10.1%
比较了解	29.2%	27.3%	28.9%
总计	100.0%	100.0%	100.0%

图 9-1 社会力量对政府购买课外锻炼的了解情况示意图

政策为纲，行动为本，政府在体育体制、机制上的积极探索，一方面是体育价值在民生与健康中的有力反映，另一方面也是国家战略和顶层设计的体现。调查结果显示，社会力量对政府购买中小学生课外锻炼服务相关政策了解程度（31.0%）低于对政府购买中小学生课外锻炼服务相关政策不了解程度（41.7%），可以看出，社会力量对政府购买中小学生课外锻炼服务相关政策较为陌生。社会力量对政府购买中小学生课外锻炼服务相对了解，对政策相对陌生，由此可见，当前我国政府购买中小学生课外锻炼服务政策相对较少。

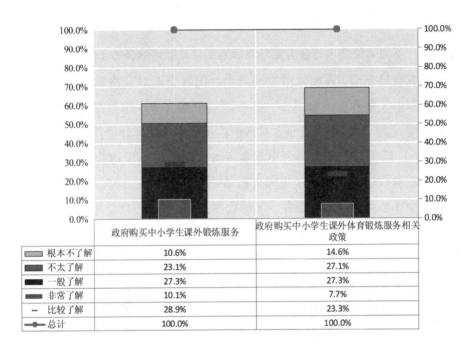

	政府购买中小学生课外锻炼服务	政府购买中小学生课外体育锻炼服务相关政策
▨ 根本不了解	10.6%	14.6%
▰ 不太了解	23.1%	27.1%
▰ 一般了解	27.3%	27.3%
▬ 非常了解	10.1%	7.7%
━ 比较了解	28.9%	23.3%
●总计	100.0%	100.0%

图 9 - 2　社会力量对政府购买课外锻炼服务政策的了解情况示意图

交叉分析结果显示，社会力量的单位性质、业务范围、组织性质对政府购买中小学生课外锻炼服务了解情况存在显著性差异（表 9 - 1）。

表 9 - 1　社会力量与政府购买中小学生课外锻炼服务交叉分析情况一览表

类别	题项 A * 题项 B	x^2	P
单位性质	A1 * B1	39. 679	0. 023
	A2 * B1	27. 237	0. 039
业务范围	A3 * B1	63. 111	0. 000
	A4 * B1	48. 960	0. 000
组织性质	A5 * B1	18. 512	0. 001

注：题项 A1 = 整体单位性质，题项 A2 = 体育类组织单位性质，题项 A3 = 单位业务范围，题项 A4 = 从事青少年体育业务范围，题项 A5 = 是否为体育类组织，题项 B1 = 对政府购买中小学生课外锻炼服务了解情况。下文同。

二、不同单位性质社会力量对政府购买课外锻炼服务的了解情况

调查结果显示，在整体单位性质中，国有企业对政府购买中小学生课外锻炼服务了解程度（45.7%）高于对政府购买中小学生课外锻炼服务不了解程度（20.0%），私营企业对政府购买中小学生课外锻炼服务了解程度（32.5%）低于对政府购买中小学生课外锻炼服务不了解程度（40.1%），外资企业对政府购买中小学生课外锻炼服务了解程度（35.7%）高于对政府购买中小学生课外锻炼服务不了解程度（21.4%），社会组织对政府购买中小学生课外锻炼服务了解程度（57.1%）高于对政府购买中小学生课外锻炼服务不了解程度（25.0%），事业单位对政府购买中小学生课外锻炼服务了解程度（44.7%）高于对政府购买中小学生课外锻炼服务不了解程度（34.2%）。由此可见，社会组织对政府购买中小学生课外锻炼服务了解程度最高，私营企业对政府购买中小学生课外锻炼服务了解程度最低（表9-2）。

表9-2　不同单位性质社会力量对政府购买中小学生课外锻炼服务了解情况表

		1	2	3	4	5	总计	x^2	P
A1 * B1	国有企业	7.1%	12.9%	34.3%	34.3%	11.4%	100.0%	39.679	0.023
	私营企业	14.2%	25.9%	27.4%	25.9%	6.6%	100.0%		
	外资企业	3.6%	17.9%	42.9%	17.9%	17.9%	100.0%		
	社会组织（协会、社团、基金会等）	7.1%	17.9%	17.9%	42.9%	14.3%	100.0%		
	事业单位（中心、少年宫等）	3.9%	30.3%	21.1%	28.9%	15.8%	100.0%		
	其他	20.8%	20.8%	20.8%	33.3%	4.2%	100.0%		

续表

A2 * B1		1	2	3	4	5	总计	x²	P
	体育企业 (工商部门注册登记)	15.6%	15.6%	31.2%	24.7%	13.0%	100.0%		
	体育社会组织 (民政部门注册登记)	6.8%	15.9%	20.5%	34.1%	22.7%	100.0%	27.237	0.039
	体育事业单位	0.0%	10.0%	17.5%	55.0%	17.5%	100.0%		
	其他	18.8%	25.0%	37.5%	18.8%	0.0%	100.0%		

注：1表示根本不了解，2表示不太了解，3表示一般了解，4表示比较了解，5表示非常了解。下文同。

　　在体育类组织单位性质中，体育企业对政府购买中小学生课外锻炼服务了解程度（37.7%）高于对政府购买中小学生课外锻炼服务不了解程度（31.2%），体育社会组织对政府购买中小学生课外锻炼服务了解程度（56.8%）高于对政府购买中小学生课外锻炼服务不了解程度（22.7%），体育事业单位对政府购买中小学生课外锻炼服务了解程度（72.5%）高于对政府购买中小学生课外锻炼服务不了解程度（10.0%）。由此可见，体育类组织单位性质中体育事业单位对政府购买中小学生课外锻炼服务了解程度最高，除其他以外体育企业对政府购买中小学生课外锻炼服务了解程度最低（表9-2）。

　　使用一般线性模型单变量对各个地区不同单位性质社会力量对政府购买课外锻炼服务了解情况进行分析，在整体单位性质中模型 $x^2 = 82.411$，$F = 1.847$，$P = 0.006 < 0.05$，具有显著性，在体育类组织单位性质中模型 $x^2 = 59.723$，$F = 1.733$，$P = 0.021 < 0.05$，具有显著性。在整体单位性质中，华东地区的国有企业、西北地区的私营企业、华南地区的外资企业、华北地区的社会组织、西南地区的事业单位对政府购买中小学生课外锻炼服务的了解程度最高。在体育类组织单位性质中，华东地区的体育企业、西南地区的体育社会组织、东北地区的体育事业单位对政府购买中小学生课外锻炼服务的了解程度最高（图9-3）。

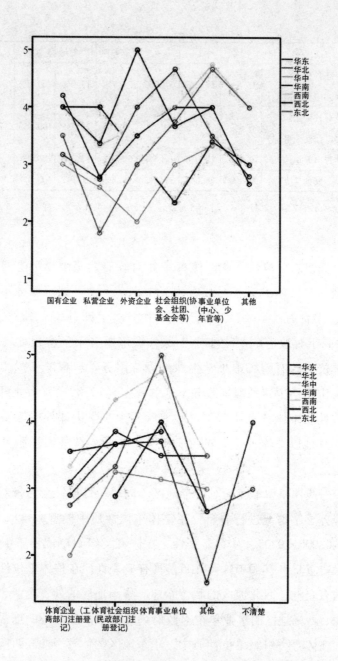

图9-3 各个地区不同单位性质社会力量对政府购买

课外锻炼服务了解情况单变量轮廓图

三、不同业务范围社会力量对政府购买课外锻炼服务的了解情况

调查结果显示，单位业务范围是服务类的社会力量对政府购买中小学生课外锻炼服务了解程度（48.4%）高于对政府购买中小学生课外锻炼服务不了解程度（20.3%），单位业务范围是商贸类的社会力量对政府购买中小学生课外锻炼服务了解程度（54.3%）高于对政府购买中小学生课外锻炼服务不了解程度（11.4%），单位业务范围是体育类的社会力量对政府购买中小学生课外锻炼服务了解程度（48.9%）高于对政府购买中小学生课外锻炼服务不了解程度（25.5%）。由此可见，在社会力量中，单位业务范围是商贸类的比服务类和体育类的对政府购买中小学生课外锻炼服务了解程度高（表9-3）。

表9-3 不同业务范围社会力量对政府购买中小学生课外锻炼服务了解情况表

		1	2	3	4	5	总计	x^2	P
A3 * B1	服务类	9.4%	10.9%	31.3%	34.4%	14.1%	100.0%	63.111	0.000
	商贸类	2.9%	8.6%	34.3%	34.3%	20.0%	100.0%		
	体育类	9.9%	15.6%	25.5%	34.0%	14.9%	100.0%		
	其他	12.5%	37.5%	12.5%	18.8%	18.8%	100.0%		
A4 * B1	专门从事青少年体育业务范围	4.7%	11.6%	20.9%	43.0%	19.8%	100.0%	48.960	0.000
	兼营青少年体育业务范围	10.2%	20.0%	28.8%	31.2%	9.8%	100.0%		
	不清楚	15.3%	36.3%	29.0%	15.3%	4.0%	100.0%		

从社会力量从事青少年体育服务范围来看，专门从事青少年体育业务范围的社会力量对政府购买中小学生课外锻炼服务了解程度（62.8%）高于对政府购买中小学生课外锻炼服务不了解程度（16.3%），兼营青少年体育业务范围的社会力量对政府购买中小学生课外锻炼服务了解程度（40.9%）高于对政府购买中小学生课外锻炼服务不了解程度（30.2%）。由此可见，专门从事青少年体育业务范围的社会力量比兼营青少年体育业务范围的社会力量对

政府购买中小学生课外锻炼服务了解程度高（表9-3）。通过气泡矩阵图，可以清晰地看出不同业务范围社会力量对政府购买课外锻炼服务了解情况分布（图9-4）。

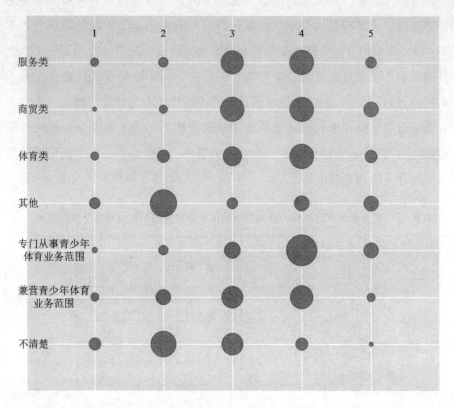

图9-4 不同业务范围社会力量对政府购买课外锻炼服务了解情况气泡矩阵图

四、不同组织性质社会力量对政府购买课外锻炼服务的了解情况

调查结果显示，社会力量中的体育类组织对政府购买中小学生课外锻炼服务了解程度（48.6%）高于对政府购买中小学生课外锻炼服务不了解程度（25.1%），社会力量中的体育类组织对政府购买中小学生课外锻炼服务了解程度（32.1%）低于对政府购买中小学生课外锻炼服务不了解程度（39.8%）。由此可见，社会力量中的体育类组织对政府购买中小学生课外锻炼服务的了解程度高于非体育类组织（表9－4）。

表9－4　不同组织性质社会力量对政府购买中小学生课外锻炼服务了解情况表

		1	2	3	4	5	总计	x^2	P
A5 * B1	是	10.1%	15.1%	26.3%	33.5%	15.1%	100.0%	18.512	0.001
	否	11.0%	28.9%	28.0%	25.6%	6.5%	100.0%		

　　使用一般线性模型单变量对各个注册资本不同组织性质社会力量对政府购买课外锻炼服务了解情况进行分析，模型 $x^2 = 49.787$，$F = 1.662$，$P = 0.029 < 0.05$，具有显著性。通过轮廓图可以看出，在体育类组织中，注册资本在 21～29 万的社会力量对政府购买中小学生课外锻炼服务了解程度最高；在非体育类组织中，注册资本在 30～39 万的社会力量对政府购买中小学生课外锻炼服务了解程度最高（图9－5）。

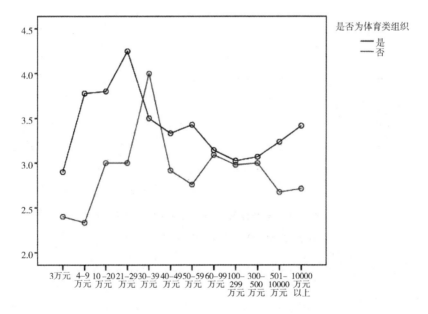

图9－5　各个注册资本不同组织性质社会力量对

政府购买课外锻炼服务了解情况单变量轮廓图

使用一般线性模型单变量对各个地区不同组织性质社会力量对政府购买课外锻炼服务了解情况进行分析，模型 $x^2 = 34.671$，$F = 2.040$，$P = 0.017 < 0.05$，具有显著性。通过轮廓图可以看出，各个地区体育类组织对政府购买中小学生课外锻炼服务了解情况具有明显的地区差距，西南地区的体育类组织对政府购买中小学生课外锻炼服务了解程度高于其他地区（图9-6）。

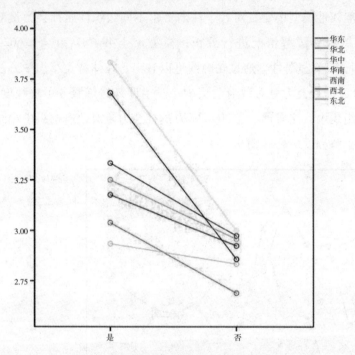

图9-6　各个地区不同组织性质社会力量
对政府购买课外锻炼服务了解情况单变量轮廓图

第二节 社会力量对政府购买
中小学生课外锻炼服务的态度情况

一、社会力量对政府购买中小学生课外锻炼服务的整体态度情况

在厘清社会力量对政府购买中小学生课外锻炼服务了解情况以后，本研究对社会力量对政府购买中小学生课外锻炼服务态度情况进行进一步调查，在下文中，以一般重要为界，将非常重要 + 比较重要视为重要，将不太重要 + 根本不重要视为不重要。调查结果显示，社会力量认为政府购买中小学生课外锻炼服务的重要程度（78.4%）远远高于社会力量认为政府购买中小学生课外锻炼服务的不重要程度（7.6%）。由此可见，社会力量认为政府购买中小学生课外锻炼服务十分重要（图9-7）。

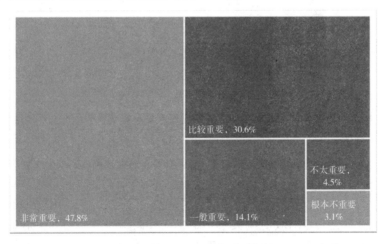

图9-7 社会力量对政府购买课外锻炼服务的态度情况树状图

社会力量在对政府购买中小学生课外锻炼服务态度已经十分明确，那社会力量对建立政府购买中小学生课外锻炼服务制度又呈现出什么样的态度呢？关于制度，不同经济学家：诺斯（Douglas North，1991）、舒尔茨（Theodore

Schultz，1994）、拉坦（Vernon W. Ruttan，1994）、林毅夫（2000）和莫纳德和雪莉（Claude Menard and Mary M. Shirley，2005）等都给制度下过定义，黄少安（2016）在对以上经济学家给出的定义进行总结后提出，制度就是在一定社会范围内激励和约束行为主体的一系列规则。调查结果显示，社会力量认为建立政府购买中小学生课外锻炼服务制度的重要程度（77.4%）远远高于社会力量认为政府购买中小学生课外锻炼服务的不重要程度（6.6%），由此可见，社会力量认为建立政府购买中小学生课外锻炼服务制度非常重要（图9-8）。

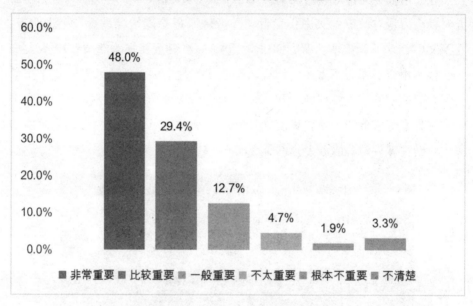

图9-8 社会力量对建立政府购买中小学生课外锻炼服务制度的态度情况示意图

在明确了社会力量对政府购买中小学生课外锻炼服务和制度的态度以后，进一步调查社会力量对政府购买中小学生课外锻炼服务利益相关者的态度情况。关于利益相关者，弗里曼在其著作《战略管理：利益相关者方法》中将利益相关者定义为"能够影响组织目标实现或者被组织目标实现过程所影响的人或团体"。吴磊等（2019）对前人在政府购买服务中借鉴这一理论情况进行总结，提出政府购买的核心利益相关者就是政府、社会力量和受众群体。由此可以明确政府购买课外锻炼服务核心利益相关者有政府部门、社会力量、学校、家长和学生。

调查结果显示，社会力量认为政府购买中小学生课外锻炼服务对政府部门的重要程度（61.9%）高于不重要程度（8.8%），社会力量认为政府购买中小学生课外锻炼服务对本单位的重要程度（53.9%）高于不重要程度（16.9%），社会力量认为政府购买中小学生课外锻炼服务对学生的重要程度（81.9%）高于不重要程度（2.8%），社会力量认为政府购买中小学生课外锻炼服务对家长的重要程度（70.8%）高于不重要程度（5.9%），社会力量认为政府购买中小学生课外锻炼服务对学校的重要程度（77.8%）高于不重要程度（5.5%）。由此可见，社会力量认为在政府购买中小学生课外锻炼服务的五大利益相关者中，政府购买中小学生课外锻炼服务对学生的重要程度最高（图9-9）。

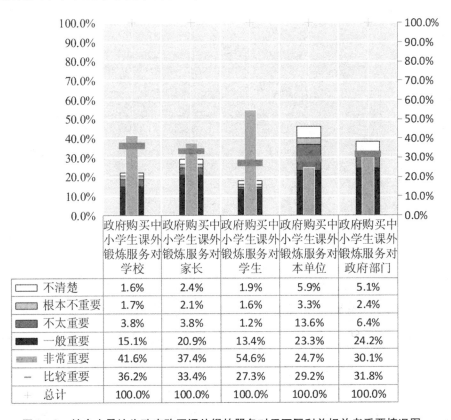

	政府购买中小学生课外锻炼服务对学校	政府购买中小学生课外锻炼服务对家长	政府购买中小学生课外锻炼服务对学生	政府购买中小学生课外锻炼服务对本单位	政府购买中小学生课外锻炼服务对政府部门
□ 不清楚	1.6%	2.4%	1.9%	5.9%	5.1%
▨ 根本不重要	1.7%	2.1%	1.6%	3.3%	2.4%
▦ 不太重要	3.8%	3.8%	1.2%	13.6%	6.4%
■ 一般重要	15.1%	20.9%	13.4%	23.3%	24.2%
▤ 非常重要	41.6%	37.4%	54.6%	24.7%	30.1%
− 比较重要	36.2%	33.4%	27.3%	29.2%	31.8%
+ 总计	100.0%	100.0%	100.0%	100.0%	100.0%

图9-9　社会力量认为政府购买课外锻炼服务对于不同利益相关者重要情况图

列联分析结果显示，社会力量对政府购买中小学生课外锻炼服务态度情况存在显著性差异（表9-5）。

表9-5 社会力量对政府购买中小学生课外锻炼服务态度交叉分析情况一览表

类别	题项 A * 题项 C	x^2	P
A1	A1 * C3	61.870	0.001
	A1 * C4	45.494	0.035
	A1 * C5	68.197	0.000
	A1 * C6	48.594	0.017
A2	A2 * C6	37.430	0.010
	A2 * C7	33.136	0.033
A3	A3 * C6	89.015	0.000
A4	A4 * C3	20.396	0.026
	A4 * C6	93.801	0.000
	A4 * C7	19.289	0.037
A5	A5 * C1	17.029	0.002
	A5 * C3	19.852	0.001
	A5 * C4	15.548	0.008
	A5 * C6	40.553	0.000
	A5 * C7	16.778	0.005

注：题项A1＝整体单位性质，题项A2＝体育类组织单位性质，题项A3＝单位业务范围，题项A4＝从事青少年体育业务范围，题项A5＝是否为体育类组织，题项C1＝对政府购买中小学生课外锻炼服务态度情况，题项C2＝对建立政府购买中小学生课外锻炼服务制度的态度情况，题项C3＝政府购买中小学生课外锻炼服务对学校的重要情况，题项C4＝政府购买中小学生课外锻炼服务对家长的重要情况，题项C5＝政府购买中小学生课外锻炼服务对学生的重要情况，题项C6＝政府购买中小学生课外锻炼服务对本单位的重要情况，题项C7＝政府购买中小学生课外锻炼服务对政府部门的重要情况。下文同。

二、不同单位性质社会力量对政府购买课外锻炼服务的态度情况

调查结果显示，在整体单位性质中，将其他排除在外，外资企业认为政府购买中小学生课外锻炼服务对学校的重要程度最高（82.1%），社会组织认为政府购买中小学生课外锻炼服务对家长的重要程度（75.0%）和对本单位的重要程度（78.6%）最高，事业单位认为政府购买中小学生课外锻炼服务对学生的重要程度最高（85.5%）。由此可见，不同单位性质社会力量在政府购买中小学生课外锻炼服务对不同利益相关者重要程度的态度上有明显差异（表9-6）。

表9-6　不同单位性质社会力量对政府购买中小学生课外锻炼服务态度情况表

		0	1	2	3	4	5	总计	x^2	P
A1 * C3	国有企业	1.4%	0.0%	1.4%	15.7%	40.0%	41.4%	100.0%	61.870	0.001
	私营企业	1.5%	3.6%	3.6%	14.7%	30.5%	46.2%	100.0%		
	外资企业	0.0%	0.0%	10.7%	7.1%	42.9%	39.3%	100.0%		
	社会组织（协会、社团、基金会等）	0.0%	0.0%	3.6%	21.4%	21.4%	53.6%	100.0%		
	事业单位（中心、少年宫等）	2.6%	0.0%	5.3%	14.5%	50.0%	27.6%	100.0%		
	其他	0.0%	0.0%	0.0%	20.8%	41.7%	37.5%	100.0%		
A1 * C4	国有企业	1.40%	1.40%	4.30%	18.60%	37.10%	37.10%	100.00%	45.494	0.035
	私营企业	3.0%	3.0%	3.0%	20.3%	34.0%	36.5%	100.0%		
	外资企业	3.6%	0.0%	10.7%	28.6%	28.6%	28.6%	100.0%		
	社会组织（协会、社团、基金会等）	0.0%	7.1%	7.1%	10.7%	21.4%	53.6%	100.0%		
	事业单位（中心、少年宫等）	1.3%	0.0%	2.6%	26.3%	36.8%	32.9%	100.0%		
	其他	0.0%	0.0%	0.0%	20.8%	29.2%	50.0%	100.0%		

		0	1	2	3	4	5	总计	x^2	P
A1 * C5	国有企业	2.90%	0.00%	1.40%	14.30%	41.40%	40.00%	100.00%	68.197	0.000
	私营企业	2.0%	1.0%	1.5%	11.7%	26.4%	57.4%	100.0%		
	外资企业	0.0%	7.1%	0.0%	17.9%	28.6%	46.4%	100.0%		
	社会组织（协会、社团、基金会等）	0.0%	10.7%	0.0%	17.9%	14.3%	57.1%	100.0%		
	事业单位（中心、少年宫等）	1.3%	0.0%	1.3%	11.8%	19.7%	65.8%	100.0%		
	其他	0.0%	0.0%	0.0%	20.8%	29.2%	50.0%	100.0%		
A1 * C6	国有企业	5.7%	7.1%	10.0%	25.7%	30.0%	21.4%	100.00%	48.594	0.017
	私营企业	6.1%	4.1%	12.2%	22.3%	26.9%	28.4%	100.0%		
	外资企业	3.6%	3.6%	17.9%	35.7%	28.6%	10.7%	100.0%		
	社会组织（协会、社团、基金会等）	0.0%	0.0%	14.3%	7.1%	35.7%	42.9%	100.0%		
	事业单位（中心、少年宫等）	2.6%	0.0%	18.4%	27.6%	34.2%	17.1%	100.0%		
	其他	20.8%	0.0%	16.7%	16.7%	20.8%	25.0%	100.0%		

注：0 表示不清楚，1 表示根本不了解，2 表示不太了解，3 表示一般了解，4 表示比较了解，5 表示非常了解。下文同。

调查结果显示，在体育类组织单位性质中，将其他排除在外，体育企业认为政府购买中小学生课外锻炼服务对本单位的重要程度（77.9%）和政府购买中小学生课外锻炼服务对政府部门的重要程度（75.3%）都是最高的。体育事业单位认为政府购买中小学生课外锻炼服务对本单位的不重要程度最高（10.0%），体育社会组织认为政府购买中小学生课外锻炼服务对政府部门的不重要程度最高（18.2%）。由此可见，不同体育类组织单位性质对政府购买中小学生课外锻炼服务对不同利益相关者的态度情况上有明显差异（表9-7）。

表9-7　不同体育类组织单位性质对政府购买中小学生课外锻炼服务态度情况表

		0	1	2	3	4	5	总计	x^2	P
A2 * C6	体育企业（工商部门注册登记）	2.6%	2.6%	6.5%	10.4%	27.3%	50.6%	100.0%	37.430	0.010
	体育社会组织（民政部门注册登记）	0.0%	0.0%	6.8%	27.3%	27.3%	38.6%	100.0%		
	体育事业单位	2.5%	0.0%	10.0%	22.5%	47.5%	17.5%	100.0%		
	其他	18.8%	0.0%	18.8%	18.8%	18.8%	25.0%	100.0%		
A2 * C7	体育企业（工商部门注册登记）	3.9%	2.6%	5.2%	13.0%	20.8%	54.5%	100.0%	33.136	0.033
	体育社会组织（民政部门注册登记）	4.5%	4.5%	13.6%	22.7%	31.8%	22.7%	100.0%		
	体育事业单位	0.0%	0.0%	5.0%	25.0%	35.0%	35.0%	100.0%		
	其他	6.3%	0.0%	6.3%	6.3%	50.0%	31.3%	100.0%		

三、不同业务范围社会力量对政府购买课外锻炼服务的态度情况

调查结果显示，在政府购买中小学生课外锻炼服务对本单位的重要情况上，业务范围是体育类的社会力量认为对本单位重要程度最高（71.2%），除其他业务范围外，业务范围是商贸类的社会力量认为对本单位不重要程度最高（20.3%）。由此可见，业务范围是体育类的社会力量对政府购买中小学生课外锻炼服务重视程度高于业务范围是服务类和商贸类的社会力量（表9-8）。

表9-8　不同业务范围社会力量对政府购买中小学生课外锻炼服务态度情况表

		0	1	2	3	4	5	总计	x^2	P
A3 * C6	服务类	6.2%	3.6%	15.5%	24.4%	29.5%	20.7%	100.0%	89.015	0.000
	商贸类	2.4%	3.3%	17.1%	24.4%	34.1%	18.7%	100.0%		
	体育类	2.3%	1.9%	5.1%	19.5%	35.3%	35.8%	100.0%		
	其他	13.4%	3.0%	17.9%	23.9%	23.9%	17.9%	100.0%		

　　调查结果显示，在重要态度上，专门从事青少年体育业务范围的社会力量认为政府购买中小学生课外锻炼服务对学校重要程度（80.2%）和政府购买中小学生课外锻炼服务对本单位重要程度（75.6%）都是最高的，在政府购买中小学生课外锻炼服务对政府部门重要程度上，专门从事和兼营青少年体育业务范围的社会力量在重要程度上态度一致（65.1%）。在不重要态度上，除掉不清楚的情况，兼营青少年体育业务范围的社会力量认为政府购买中小学生课外锻炼服务对学校（5.6%）和对本单位（11.6%）不重要程度最高，专门从事青少年体育业务范围的社会力量认为政府购买中小学生课外锻炼服务对政府部门不重要程度最高（10.5%）。由此可见，专门从事青少年体育业务范围的社会力量认为政府购买中小学生课外锻炼服务对学校和本单位都有重要意义（表9－9）。

表9－9　不同青少年体育业务范围社会力量对政府购买中小学生课外锻炼服务态度情况表

		0	1	2	3	4	5	总计	x^2	P
A4 * C3	专门从事青少年体育业务范围	0.0%	0.0%	3.5%	16.3%	23.3%	57.0%	100.0%	20.396	0.026
	兼营青少年体育业务范围	1.4%	1.9%	3.7%	13.0%	38.1%	41.9%	100.0%		
	不清楚	3.2%	2.4%	4.0%	17.7%	41.9%	30.6%	100.0%		
A4 * C6	专门从事青少年体育业务范围	1.2%	0.0%	5.8%	17.4%	33.7%	41.9%	100.0%	93.801	0.000
	兼营青少年体育业务范围	1.9%	1.9%	9.8%	28.4%	31.6%	26.5%	100.0%		
	不清楚	16.1%	8.1%	25.8%	18.5%	21.8%	9.7%	100.0%		
A4 * C7	专门从事青少年体育业务范围	3.5%	2.3%	8.1%	20.9%	20.9%	44.2%	100.0%	19.289	0.037
	兼营青少年体育业务范围	5.1%	1.4%	6.0%	22.3%	35.3%	29.8%	100.0%		
	不清楚	6.5%	4.0%	5.6%	29.8%	33.1%	21.0%	100.0%		

四、不同组织性质社会力量对政府购买课外锻炼服务的态度情况

调查结果显示，在对政府购买中小学生课外锻炼服务态度中，体育类组织认为政府购买中小学生课外锻炼服务的重要程度（81.6%）高于非体育类组织认为的重要程度（76.0%）。体育类组织认为政府购买中小学生课外锻炼服务对学校、家长、本单位、政府部门的重要程度依次是81.0%、75.4%、69.3%和68.7%，非体育类组织认为政府购买中小学生课外锻炼服务对学校、家长、本单位、政府部门的重要程度依次是75.6%、67.5%、42.7%、56.9%。由此可见，体育类组织比非体育类组织认为政府购买中小学生课外锻炼服务对学校、家长、本单位、政府部门的重要程度高（表9-10）。

表9-10 不同组织性质社会力量对政府购买中小学生课外锻炼服务态度情况表

		0	1	2	3	4	5	总计	x^2	P
A5 * C1	是	–	2.8%	3.4%	12.3%	22.3%	59.2%	100.0%	17.029	0.002
	否	–	3.3%	5.3%	15.4%	36.6%	39.4%	100.0%		
A5 * C3	是	1.7%	1.7%	2.2%	13.4%	27.4%	53.6%	100.0%	19.852	0.001
	否	1.6%	1.6%	4.9%	16.3%	42.7%	32.9%	100.0%		
A5 * C4	是	1.7%	2.8%	4.5%	15.6%	28.5%	46.9%	100.0%	15.548	0.008
	否	2.8%	1.6%	3.3%	24.8%	37.0%	30.5%	100.0%		
A5 * C6	是	3.4%	1.1%	8.4%	17.9%	31.3%	38.0%	100.0%	40.553	0.000
	否	7.7%	4.9%	17.5%	27.2%	27.6%	15.0%	100.0%		
A5 * C7	是	3.4%	2.2%	7.3%	18.4%	29.1%	39.7%	100.0%	16.778	0.005
	否	6.5%	2.4%	5.7%	28.5%	33.7%	23.2%	100.0%		

第三节 社会力量对政府购买中小学生课外锻炼服务的希望建议

一、社会力量对政府购买中小学生课外锻炼服务的整体希望建议

在明确了社会力量对政府购买中小学生课外锻炼服务的了解情况和态度

情况后，本研究对社会力量对政府购买中小学生课外锻炼服务的希望建议进行调查。调查结果显示，社会力量对政府购买中小学生课外锻炼服务的三大希望建议分别是完善政府购买中小学生课外锻炼服务的制度（75.8%）、提高政府购买中小学生课外锻炼服务的质量（67.1%）和扩大政府购买中小学生课外锻炼服务覆盖面（56.2%）。由此可见，完善建设政府购买中小学生课外锻炼服务的制度是社会力量对政府购买中小学生课外锻炼服务的首要建议（图9-10）。

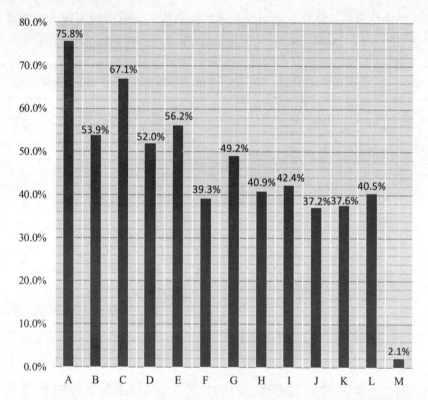

图9-10 社会力量对政府购买中小学生课外锻炼服务的希望建议情况图

注：A=完善政府购买中小学生课外锻炼服务的制度，B=理顺政府购买中小学生课外锻炼服务的机制，C=提高政府购买中小学生课外锻炼服务的质量，D=扩大政府购买中小学生课外锻炼服务的规模，E=扩大政府购买中小学生课外锻炼服务覆盖面，F=全国范围内实施政府购买中小学生课外锻炼服务，G=吸引更多社会力量参与政府购买中小学生

课外锻炼服务，H＝丰富政府购买中小学生课外锻炼服务的规模、内容和形式，I＝加强政府购买中小学生课外锻炼服务的宣传引导，J＝建立健全政府购买中小学生课外锻炼服务的法规政策体系，K＝加强和其他课后服务（如音乐、艺术、舞蹈等）的配合，L＝加强政府购买中小学生课外锻炼服务的财政资金投入，M＝其他。下文同。

二、不同单位性质社会力量对政府购买课外锻炼服务的希望建议

调查结果显示，体育企业对政府购买中小学生课外锻炼服务的三大希望建议分别是完善政府购买中小学生课外锻炼服务的制度（35.8%）、提高政府购买中小学生课外锻炼服务的质量（34.1%）和理顺政府购买中小学生课外锻炼服务的机制（30.2%）；体育社会组织对政府购买中小学生课外锻炼服务的三大希望建议分别是完善政府购买中小学生课外锻炼服务的制度（16.2%）、理顺政府购买中小学生课外锻炼服务的机制（14.0%）和提高政府购买中小学生课外锻炼服务的质量（13.4%）；体育事业单位对政府购买中小学生课外锻炼服务的三大希望建议分别是完善政府购买中小学生课外锻炼服务的制度（16.8%）、提高政府购买中小学生课外锻炼服务的质量（14.0%）和扩大政府购买中小学生课外锻炼服务的规模（12.3%）。由此可见，完善政府购买中小学生课外锻炼服务的制度是不同单位性质体育类组织的共同希望建议（表9－11）。

表9－11　不同单位性质社会力量对政府购买中小学生课外锻炼服务的希望建议表

		A	B	C	D	E	F	G	H	I	J	K	L	M	x^2	P
A5 * C1	体育企业（工商部门注册登记）	35.8%	30.2%	34.1%	26.3%	27.9%	24.0%	24.0%	22.3%	21.2%	21.8%	17.3%	22.9%	1.7%	109.602	0.000
	体育社会组织（民政部门注册登记）	16.2%	14.0%	13.4%	10.6%	10.1%	7.3%	7.3%	7.3%	10.6%	6.1%	5.0%	7.8%	1.1%		
	体育事业单位	16.8%	10.1%	14.0%	12.3%	12.3%	9.5%	11.7%	5.0%	8.4%	8.4%	9.5%	7.8%	1.1%		
	其他	7.3%	6.1%	4.5%	3.9%	3.4%	3.4%	2.2%	2.8%	2.8%	2.2%	1.7%	2.2%	0.0%		
	不清楚	1.1%	0.6%	0.6%	1.1%	0.0%	0.0%	1.1%	0.6%	0.0%	0.6%	0.6%	0.0%	0.0%		

三、不同业务范围社会力量对政府购买课外锻炼服务的希望建议

调查结果显示，业务范围是服务类的社会力量对政府购买中小学生课外锻炼服务的三大希望建议分别是提高政府购买中小学生课外锻炼服务的质量（34.8%）、完善政府购买中小学生课外锻炼服务的制度（32.9%）和扩大政府购买中小学生课外锻炼服务覆盖面（27.8%），业务范围是商贸类的社会力量对政府购买中小学生课外锻炼服务的三大希望建议分别是完善政府购买中小学生课外锻炼服务的制度（21.9%）、提高政府购买中小学生课外锻炼服务的质量（19.8%）和扩大政府购买中小学生课外锻炼服务覆盖面（16.2%），业务范围是体育类的社会力量对政府购买中小学生课外锻炼服务的三大希望建议分别是完善政府购买中小学生课外锻炼服务的制度（39.3%）、提高政府购买中小学生课外锻炼服务的质量（33.9%）和理顺政府购买中小学生课外锻炼服务的机制（29.4%）。由此可见，不同业务范围社会力量对政府购买中小学生课外锻炼希望建议有不同的侧重，业务范围是服务类和商贸类的社会力量看重完善制度、提高质量和扩大覆盖面，业务范围是体育类的社会力量看重完善制度、提高质量和理顺机制（表9-12）。

表9-12 不同业务范围社会力量对政府购买中小学生课外锻炼服务的希望建议表

		A	B	C	D	E	F	G	H	I	J	K	L	M	x^2	P
A3 *希望建议（多选）	服务类	32.9%	25.2%	34.8%	25.4%	27.8%	18.4%	24.2%	20.5%	18.8%	17.6%	17.6%	18.4%	0.9%		
	商贸类	21.9%	14.4%	19.8%	13.6%	16.2%	11.3%	15.1%	11.1%	14.4%	9.9%	12.2%	10.6%	0.7%	84.329	0.003
	体育类	39.3%	29.4%	33.9%	27.5%	28.5%	22.6%	24.2%	20.9%	21.4%	19.1%	19.1%	21.2%	1.6%		
	其他	12.9%	10.4%	10.8%	8.7%	9.6%	7.1%	8.7%	7.5%	8.2%	7.8%	7.8%	8.2%	0.7%		

四、不同组织性质社会力量对政府购买课外锻炼服务的希望建议

通过列联分析发现，在诸多希望建议中，只有理顺政府购买中小学生课外锻炼服务的机制这一希望建议与是否为体育类组织有显著差异。调查结果显示，体育类组织选择理顺政府购买中小学生课外锻炼服务的机制这一希望建议的比例（60.9%）高于非体育类组织（48.8%），非体育类组织在希望建

议中不选择理顺政府购买中小学生课外锻炼服务的机制的比例（51.2%）高于体育类组织（39.1%）。由此可见，在希望建议中，体育类组织比非体育类组织更看重理顺政府购买中小学生课外锻炼服务的机制（表9－13）。

表9－13　不同组织性质社会力量对政府购买中小学生课外锻炼服务的希望建议表

		未选中	选中	总计	x^2	P
A5 * 希望建议（B）	是	39.1%	60.9%	100.0%	6.118	0.013
	否	51.2%	48.8%	100.0%		

第十章

政府购买中小学生课外锻炼服务制度存在问题研究

第一节　购买制度不健全

我国中小学校的相关工作人员大多身份不同，而不同身份的中小学相关人员对中小学校的制约因素存在着不同的理解，我们对不同身份人员对课外锻炼服务活动的问题前五名进行依次排序分别是：C 表示制度保障欠缺，如缺乏公开透明的招投标制度、科学的绩效评估制度等（占总数的60.1%）；B 表示现有法规政策执行力不够（占总数的 50.0%）；D 表示相关政策条款模糊，如缺少政府购买中小学生课外锻炼服务范围、标准等（占总数的48.4%）；A 表示相关法规政策不完善（占总数的 34.6%）；E 表示政府购买中小学生课外锻炼服务的机制不顺（占总数的 33.3%）。

研究结果表明认为表示制度保障欠缺，如缺乏公开透明的招投标制度、科学的绩效评估制度等问题中校领导占比最高（占身份的 72.7%）；认为现有法规政策执行力不够的问题中非体育部门领导占比最高（占身份的 100%）；认为相关政策条款模糊，如缺少政府购买中小学生课外锻炼服务范围、标准等问题中体育教师占比最高（占身份的 57.9%）；认为相关法规政策不完善问题中体育教师占比最高（占身份的 52.6%）；认为政府购买中小学生课外锻炼服务的机制不顺问题中非体育部门领导占比最高（占身份的 100%）。

校领导、体育部领导和文化教师都认为制度保障欠缺，如缺乏公开透明的招投标制度、科学的绩效评估制度等是制约中小学校发展的主要因素（占总计 72.7%、69.2% 和 59.6%）。体育教师认为现有法规政策执行力不够是制约中小学校发展的主要问题（占总计 68.4%）。教学教辅人员认为制约中小学校发展的最主要问题是经费力度不够（占总计的 66.7%）。（表 10 - 1）

第二节　法规政策不完善

首先，政府购买中小学生课外锻炼服务制度在立法中缺乏明确定位。我国目前在政府购买中小学生课外锻炼服务实践中主要依靠规范性、政策性文件对其进行规制。而在法律法规方面主要的参考依据是 2003 年颁布的《政府采购法》，但是在《政府采购法》中却没有明确将公共服务纳入政府采购服务中。2013 年《政府采购法实施条例》（征求意见稿）有所改进，但还是不够，其中第四条限定"服务"的概念也只是"各类专业服务、信息网络开发服务、金融保险服务、运输服务以及维修与维护服务等与政府自身消费有关的服务"。缺乏明确的法律依据，会导致我国政府购买中小学生课外锻炼服务的工作管理混乱，不能高效地开展，影响政府提供青少年体育服务的效率。

其次，地方政府的规范性文件等级较低，规定散乱，操作性不强。地方政府为推进政府购买公共服务工作也出台了一些规范文件，由于各地经济发展与政府购买服务实践发展情况不同，因此各地出台的规定也不尽相同。这些规范文件在购买实践中起到一定作用，但就内容而言操作性不强，就其等级而言多是以实施意见、通知等形式出现，效力并不高。

最后，政府购买中小学生课外锻炼服务的配套法律制度不完备。在政府购买中小学生课外锻炼服务活动中资金预算扮演着重要的角色，但目前我国关于购买资金预算的制度却还未到位。我国各地政府购买中小学生课外锻炼服务的资金有来自预算资金、预算外资金、彩票公益金及专业专项资金等，但大部分政府并未将购买服务的资金纳入公共财政预算，随意性较大，不利

表10－1　不同身份的中小学相关人员对学校课外锻炼服务中遇到问题的情况比较

	A	B	C	D	E	F	G	H	I	J	K	L	M	N	O	P	Q
校领导	9.1%	18.2%	72.7%	27.3%	45.5%	36.4%	9.1%	18.2%	18.2%	18.2%	18.2%	18.2%	9.1%	18.2%	18.2%	9.1%	0.0%
体育部领导	23.1%	30.8%	69.2%	23.1%	23.1%	7.7%	7.7%	23.1%	0.0%	0.0%	7.7%	0.0%	7.7%	0.0%	23.1%	0.0%	0.0%
非体育部门领导	0.0%	100.0%	0.0%	50.0%	100.0%	0.0%	0.0%	50.0%	50.0%	50.0%	0.0%	50.0%	100.0%	50.0%	50.0%	50.0%	0.0%
体育教师	52.6%	68.4%	57.9%	57.9%	26.3%	21.1%	15.8%	21.1%	21.1%	26.3%	26.3%	21.1%	21.1%	5.3%	21.1%	10.5%	0.0%
文化教师	35.6%	52.9%	59.6%	52.9%	33.7%	17.3%	13.5%	31.7%	25.0%	19.2%	25.0%	26.0%	13.5%	20.2%	22.1%	29.8%	3.8%
教学教辅人员	33.3%	66.7%	66.7%	33.3%	33.3%	0.0%	0.0%	33.3%	0.0%	33.3%	0.0%	66.7%	0.0%	0.0%	0.0%	33.3%	0.0%
其他	100.0%	0.0%	0.0%	0.0%	0.0%	0.0%	0.0%	100.0%	100.0%	0.0%	100.0%	0.0%	0.0%	0.0%	0.0%	0.0%	0.0%
总计	34.6%	51.0%	60.1%	48.4%	33.3%	17.6%	12.4%	29.4%	22.2%	19.0%	22.9%	23.5%	14.4%	16.3%	21.6%	23.5%	2.6%
x^2	34.054	38.472	27.331	33.738	27.732	28.405	23.247	26.966	34.019	29.641	29.856	32.415	32.479	31.379	23.192	36.496	24.09
L	35.045	38.084	30.717	32.585	30.863	29.601	26.169	28.651	36.229	31.696	32.075	35.126	34.388	34.441	26.706	38.018	27.004
R	11.344	11.195	16.166	11.288	15.317	15.979	14.172	12.418	12.269	13.474	12.559	11.983	14.874	13.417	14.938	10.939	14.356
P	0.001	< 0.001	0.007	0.001	0.006	0.005	0.026	0.008	0.001	0.003	0.003	0.001	0.001	0.002	0.026	< 0.001	0.02

注：A 表示相关法规政策不完善，B 表示相关政策条款模糊，C 表示制度保障欠缺，如缺乏公开透明的招投标制度，科学的绩效评估制度，D 表示相关政策执行力不够，E 表示制度保障范围，标准等，E 表示少政府购买中小学生课外锻炼服务的机制不顺，F 表示主体服务能力不够，G 表示承接方配合不够，H 表示家长配合不够，I 表示学生配合不够，G 表示政府购买标准不规范，K 表示监督考核不强，L 表示经费不到位，M 表示政府购买中小学生课外锻炼服务的动力不足，N 表示政府购买中小学生课外锻炼服务的规模不大，O 表示政府购买中小学生课外锻炼服务的覆盖面不广，P 表示师资队伍薄弱，Q 表示其他。

于政府购买中小学生课外锻炼服务制度的推进。

法律政策的不完善在一定程度上制约了政府实施课外锻炼服务活动的开展，我们对不同文化程度的学校相关人员对相关法规政策的意愿程度比较发现，差异存在显著性有统计学意义（P＜0.05）。研究结果表明，认为法规政策不完善的学校相关人员中文化程度为本科的位居第一（占总计的66.0%），文化程度为硕士的位居第二（占总计的28.3%），文化程度为大专（占总计3.8%）比博士（占总计1.9%）仅高出1.9个百分点，比例基本持平（表10-2）。

表10-2 相关法规政策不完善与学校相关人员文化程度的情况比较表

	博士	硕士	本科	大专	总计	x^2	L	R	P
未选中	3.0%	20.0%	72.0%	5.0%	100.0%				
选中	1.9%	28.3%	66.0%	3.8%	100.0%	13.646	14.793	11.36	0.034
总计	1.3%	17.5%	74.9%	6.3%	100.0%				

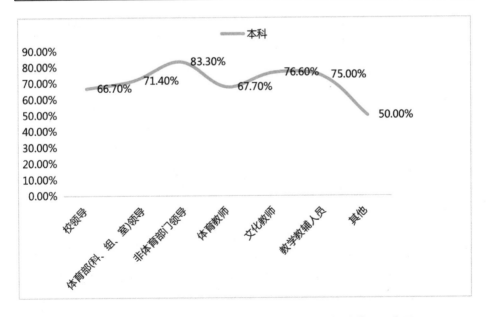

图10-1 文化程度为本科的学校相关人员不同身份的情况示意图

以上研究结果表明,文化程度为本科的中小学校相关人员认为法规政策不完善是制约政府实施购买课外锻炼服务活动的主要因素,其中非体育部门领导占比最高(占本科学历的83.3%),政府购买中小学生课外锻炼服务活动应与体育部门和体育专任教师密切相关,非体育部门领导以"局外人"的身份对购买中小学生课外锻炼服务活动的制约因素发表意见往往最能体现出体育领域教师不易发现的问题,从而提出意见帮助体育老师和学校解决存在的实际情况。

第三节　购买主体不明确

国务院办公厅印发《关于强化学校体育增进学生身心健康全面发展的意见》(国办发〔2016〕27号)中提出:要坚持课堂教学与课外活动相衔接、培养兴趣与提高技能相增进、群体活动与运动比赛相调和、全面推动与分类指点相结合的原则,改革创新体制机制,全面提升体育教育质量,健全学生人格品质,切实发挥体育在培养和践行社会主义核心价值观、推动素质教育中的综合作用。

我国现阶段实施购买课外锻炼服务的购买主体尚不明确,而中小学校只是承接购买服务的场地提供者,不属于购买主体和承接主体,因此在一定程度上工作很难开展。我们对不同地区的中小学校进行抽样调研发现,华东地区未实施政府购买课外锻炼服务占比最高(占总计的49.0%),华北地区全面实施购买课外锻炼服务位居首位(占总计的23.9%),华中地区未实施课外锻炼服务的比例最高(占总计的15.7%),华南、西南和西北地区对课外锻炼服务个别地区实施情况占比最高(占总计的17.7%、15.2%和12.7%),而东北地区则全面实施情况最好(占总计21.7%)。

研究结果表明,七大地理区域中仅有华东地区实施课外锻炼服务的情况不理想,其他区域开展课外锻炼服务活动的实施程度基本超过半数,其中以

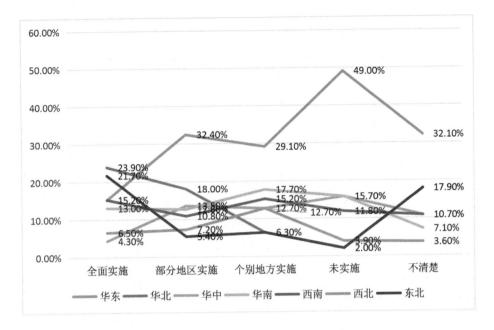

图 10 - 2　不同地区对课外锻炼服务活动的实施情况

部分地区实施情况最为良好，全面实施情况和个别地方实施情况处于中等水平。开展课外体育锻炼的意义是有助于体育兴趣、习惯的培养，有助于终身体育基础的形成，有助于形成良好生活习惯和丰富课外文化生活。[①]

明确购买主体对中小学生课外锻炼服务活动的开展，推进政府向社会力量购买服务是创新公共服务提供方式、加快服务业发展、引导有效需求的重要途径，对于深化社会领域改革，推动政府职能转变，整合利用社会资源，增强公众参与意识，激发经济社会活力，增加公共服务供给，提高公共服务水平和效率，都具有重要意义。

_____

① 彭榜容. 贵州省湄江中学课外体育锻炼现状调查及对策分析［J］. 体育世界，2018 (7).

第四节 承接主体能力差

社会力量作为政府购买中小学生课外锻炼服务活动的承接主体,对政府购买服务起到了关键的影响作用,社会力量的业务范围决定了他们对政府购买服务的承接能力,中小学生课外锻炼服务属于政府购买体育服务,因此社会力量对青少年体育业务的了解程度决定了对承接服务的完成质量。我们对全国社会力量是否为体育组织进行抽样调查发现,有57.9%的单位性质不属于体育组织,单位性质属于体育组织的也只有42.1%,不到总体水平的一半。

社会力量的业务范围也是一个影响承接服务的因素,我们对全国社会力量从事青少年体育业务范围情况进行调查发现:专门从事青少年体育业务的社会力量仅占20.2%,约为整体水平的五分之一;兼营青少年体育业务范围的社会力量占比为50.6%,达到整体水平的一半左右;仍有29.2%的社会力量不清楚自己的业务范围。

表10-3 不同单位性质对从事活动业务范围的比较情况表

		是	否	总计
专门从事青少年体育业务范围	计数	83	3	86
	占业务范围情况百分比	96.50%	3.50%	100.00%
	占体育类组织百分比	46.40%	1.20%	20.20%
	占总计的百分比	19.50%	0.70%	20.20%
兼营青少年体育业务范围	计数	88	127	215
	占业务范围情况百分比	40.90%	59.10%	100.00%
	占体育类组织百分比	49.20%	51.60%	50.60%
	占总计的百分比	20.70%	29.90%	50.60%

续表

		是	否	总计
不清楚	计数	8	116	124
	占业务范围情况百分比	6.50%	93.50%	100.00%
	占体育类组织百分比	4.50%	47.20%	29.20%
	占总计的百分比	1.90%	27.30%	29.20%
总计	计数	179	246	425
	占业务范围情况百分比	42.10%	57.90%	100.00%
	占体育类组织百分比	100.00%	100.00%	100.00%
	占总计的百分比	42.10%	57.90%	100.00%
x^2		169.2		
L		202.275		
P		< 0.001		

根据以上调查结果我们可以得出结论，社会力量虽然是现在政府购买中小学生课外服务活动的承接主体，但是总体来看，性质为体育组织的社会力量仍然超过半数，专门从事青少年体育业务的社会力量不多，主要靠兼营青少年体育业务的社会力量，社会力量主体承接能力明显不足，存在业务范围上的缺失，这在一定程度上制约了我国青少年体育锻炼服务的发展。

第五节　购买机制不顺畅

2014年10月，国务院《关于加快发展体育产业 促进体育消费的若干意见》（国发〔2014〕46号）明确指出"鼓励实施学生课外体育活动计划"。各省市地方积极响应国家政策，开展中小学生课外体育活动计划，但由于中小学校课外师资不充足，有的需要向社会力量购买服务。而社会力量如何承接中小学生课外体育活动服务并没有明确的方式，例如单一来源、定向委托、公开招标、邀请招标、竞争性谈判、竞争性磋商等承接方式。

我国的中小学生课外锻炼服务活动属于新兴市场，没有一定的市场规则和标准，市场竞争方式混杂。一般来说社会力量承接政府购买体育服务活动应以自身资质进行绩效评估，目前我国缺少对社会力量承接服务完成状况和质量进行综合绩效评估的制度保障，很难确定提供服务企业的综合实力，使拥有优质资源的社会力量没有承接到一定的体育服务，在一定程度上打消社会力量承接服务的积极性。

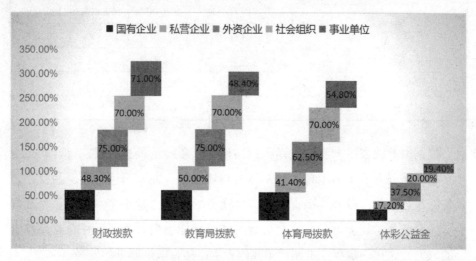

图 10 - 3　不同性质企业对课外锻炼服务资金来源的情况比较图

调查结果表明，认为资金来源以财政拨款和教育局拨款为主的单位中外资企业占比最高（占总计的75%），认为资金来源以体育局拨款的单位中社会组织占比最高（占总计的70%），认为资金来源以体彩公益金为主的单位中除外资企业外其余单位占比均在20%上下浮动。因此我们可以得出各种不同性质的企业对待政府购买课外锻炼服务的购买资金来源存在不同看法，资金来源很难统一。

第六节 家长配合不理想

中小学生成长过程中，有很多不安全因素。自身自我保护意识和能力影响着他们健康成长。所谓自我保护意识是指个体在生活和成长中遇到不安全因素或碰到意外伤害能想到如何保护自己，它是一种感觉、思维。[①] 我们课题组通过调查发现，中小学生意外受伤的情况层出不穷。1999 年我国 1.6 万名中小学生非正常死亡；2000 年国家安康计划公布的数字显示，我国中小学生因安全事故、食物中毒、溺水等死亡的平均每天有 40 多人，相当于每天有一个班的学生正在"消失"。这些数据使我们不得把中小学生的人身安全问题摆在重要的位置。

家长是我国中小学生的直接监护人，对于子女的健康尤为关心，而开展实施政府购买课外锻炼服务活动在一定程度上可能出现中小学生安全隐患，因此可能会出现家长配合程度不够的情况，我们对不同特征学校相关人员对家长配合程度不够的情况进行比较发现，不同性别和不同学校类型中的学校相关人员对家长配合不够，差异无统计学意义（$P > 0.05$）。不同年龄和不同文化程度的学校相关人员对家长配合不够，差异存在显著性，有统计学意义（$P < 0.05$）。

---

① 边佳楣. 关爱生命学会自护——小学生自我保护教育运行机制的构建与研究 ［M］. 福州：福建教育出版社，2003：12.

表 10 - 4　不同特征学校相关人员对家长配合程度不够的情况比较（-3 为缺失值）

		家长配合不够				x^2	L	P
		-3	未选中	选中	总计			
您的性别	男	65	40	18	123			
	女	97	68	27	192	0.279	0.280	0.870
	总计	162	108	45	315			
您的年龄	21～30 岁	73	57	22	152			
	31～40 岁	45	45	16	106			
	41～50 岁	40	5	6	51	21.786	24.383	<0.001
	51 岁以上	4	1	1	6			
	总计	162	108	45	315			
您的文化程度	博士	0	3	1	4			
	硕士	20	27	8	55			
	本科	129	74	33	236	13.258	14.785	0.039
	大专	13	4	3	20			
	总计	162	108	45	315			
您的学校类型	小学	40	24	16	80			
	初级中学	74	47	16	137			
	高级中学	40	31	13	84			
	职业高中	7	3	0	10	8.809	10.232	0.359
	中等专业学校	1	3	0	4			
	总计	162	108	45	315			

　　研究结果表明家长年龄与家长的文化程度对家长配合不够影响程度最高，我们对家长配合程度不够与不同年龄和不同文化程度的学校相关人员进行单因素线性模型分析，发现年龄在 21～30 岁且学历为大专层次的中小学校相关人员认为家长配合程度不够最为重要（节点最高），年龄在 31～40 岁且学历为博士层次的中小学校相关人员认为家长配合程度不够占比最高（节点最

高），年龄在 41～50 岁且学历为硕士层次的中小学校相关人员认为家长配合程度不够位居首要原因（节点最高）。

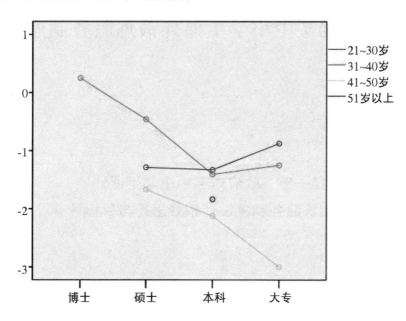

图 10 - 4　不同文化程度与不同年龄的学校相关人员对家长配合不够支持的单因素模型

中小学生正处于生长发育的时期，思想还没有完全转变，自我保护意识薄弱，课外锻炼服务活动又属于脱离课堂的室外活动，中小学生对于室外运动安全的把控能力不足，有时一个看似无心的举动就能造成不可挽回的局面。因此家长对中小学生课外锻炼服务活动安全的担心成为家长不够配合实施课外锻炼服务活动的主要因素。

第十一章

政府购买中小学生课外锻炼服务制度设计思路

第一节　政府购买中小学生课外
锻炼服务制度设计指导思想与目标

一、指导思想

2013年11月，党的十八届三中全会审议通过的《关于全面深化改革若干重大问题的决定》（以下简称《决定》）首次明确提出"强化体育课和青少年课外锻炼，促进青少年身心健康、体魄强健"的要求。同时，《决定》还首次提出了全面深化改革的总目标——完善和发展中国特色社会主义制度，推进国家治理体系和治理能力现代化。国家治理体系和治理能力是一个国家的制度建设和制度执行力的集中体现。推进我国现代政府治理能力的提升，对政府购买公共服务提出新的要求。在强调治理的新时代，合同外包、结成公私伙伴关系、第三部门服务供给、政府购买服务以及其他形式的合作等新的治理方式将大量采用，民主、参与式、互动式的多元主体治理的发起问题、可持续问题、绩效问题、责任控制问题都将出现。"政府购买服务"作为政府提供公共服务的一种新理念、新机制和新方法，近年来被中国各级地方政府日益广泛实践于社会公共服务的多个领域，逐渐成为政府提高公共服务水平的重要途径。

2016 年 4 月，国务院办公厅《关于强化学校体育促进学生身心健康全面发展的意见》进一步提出健全学生课外锻炼制度的要求。2018 年 1 月，体育总局、教育部、发展改革委等七部门联合发布《青少年体育活动促进计划》，提出了以"强化体育课和课外锻炼，促进青少年身心健康、体魄强健"为根本宗旨促进青少年体育活动开展的指导思想。因此，我国政府购买中小学生课外锻炼服务制度的设计除了要符合国家购买公共服务体系的要求，还要符合体育制度体系的内容。

我国政府购买中小学生课外锻炼服务制度设计的指导思想是，以习近平新时代中国特色社会主义思想为指导，全面贯彻党的十九大和十九届二中、三中、四中全会精神，按照"四个全面"的战略布局，紧紧围绕使市场在资源配置中起决定性作用和更好发挥政府作用，正确处理政府和市场、社会的关系，进一步放开市场准入，不断加大政府购买中小学生课外锻炼服务提供机制和方式的改革创新力度，加快构建多层次、多方式、多元化的社会组织、社会力量供给新体系，推动具有中国特色的政府购买中小学生课外锻炼服务体系建设，努力为青少年群体提供更加方便快捷、优质高效的青少年体育服务。

二、发展目标

"十三五"提出"青少年体质达标率达到 95% 以上"是未来五年我国计划实施的百大工程项目之一。新一届国务院对进一步转变政府职能、改善公共服务做出重大部署，"明确要求在公共服务领域更多利用社会力量，加大政府购买服务力度"，因而政府通过购买中小学生课外锻炼服务来实现青少年体育公共服务水平的提高显得尤为必要。

党的十八大报告强调了构建系统完备、科学规范、运行有效的制度体系的目标。政府购买中小学生课外锻炼服务制度的发展目标是，通过法律法规、责任规范、购买程序、信息公开机制、监管制度、绩效评估制度等构建，实现政府购买中小学生课外锻炼服务工作在全国范围逐步展开，规范统一安全高效的政府购买中小学生课外锻炼服务运行机制基本形成，政府购买中小学生课外锻炼服务的范围和规模不断扩大，政府购买中小学生课外锻炼服务逐步成为政府提供青少年体育服务的重要方式。

第二节　政府购买中小学生课外锻炼服务制度设计基本原则

一、坚持优化设计方案，促进结构合理的原则

一个科学合理的制度结构体系，在进行制度配置时，要考虑到制度的诸多影响因素，同时也要达到各项制度安排在结构上的耦合性要求。社会组织、社会力量在我国的发展不均衡，地域差别大，各省（区）市经济发展水平也参差不齐，因此在对政府购买中小学生课外锻炼服务进行制度设计时，必须要考虑各地实际情况进行区别对待，合理配置，突出重点，着眼于制度之间的关联特性，只有这样才能使制度结构合理、完善，创造更高的公共效益。

二、坚持可行性与适应性相结合的原则

政府购买中小学生课外锻炼服务制度设计的可行性，要从经济角度和设计方案角度两方面进行考虑。从经济角度考虑，是因为政府购买中小学生课外锻炼服务在市场化环境下具有经济活动的特征，制度设计既要规范资金的来源也要规范资金的效益，做到投资上量力而行，效益上综合平衡；从设计方案角度考虑，主要包括政府购买中小学生课外锻炼服务制度的组织和计划是否可行，购买服务的目标是否符合实际需要，俱乐部提供的服务是否具有广泛的需求等。

政府购买中小学生课外锻炼服务制度设计的适应性，是指制度设计方案必须与社会、政治、经济等因素协调适应，要适应我国发展青少年体育事业的政策目标，设计的超前以及滞后都不利于政府购买中小学生课外锻炼服务

的有序发展，同时还会造成资源浪费、脱离市场实际需求等状况。

三、借鉴经验与自主创新并举的原则

通过移植其他制度可以降低制度设计的成本，扩大制度选择的范围，但是制度的移植也要和当地的制度环境和制度体系相融合，要适应社会经济的发展水平。就政府购买中小学生课外锻炼服务而言，我们要学习国外先进的政府购买公共服务理念和管理方式，在条件许可的情况下，根据国内的环境和实际情况进行适当的调整，引入到政府购买中小学生课外锻炼服务中，这样才能发挥移植制度的最大功效。

四、公共效益与经济效益相统一的原则

青少年体育事业的发展要以公共效益为重点，而市场经济的客观发展规律又要求兼顾公共效益。政府购买中小学生课外锻炼服务要做到公共效益和经济效益相统一，从制度层面要兼顾两者的平衡。在全面深化改革的要求下，政府购买中小学生课外锻炼服务制度设计要以管理体制改革为切入点，建立起效率优先，兼顾公平的激励机制，逐步使政府购买中小学生课外锻炼服务发展到在注重公共效益的前提下，高效发展经济效益，促使其发挥最大价值。

第三节 政府购买中小学生课外锻炼服务制度设计基本要求

一、明确购买主体

我国自 2003 年开始推行政府购买公共服务，此后各级政府购买公共服务工作一直处于推进中。2013 年《国务院办公厅关于政府向社会力量购买服务的指导意见》（国办发〔2013〕96 号）出台以来，各级政府结合地方实践，出现了针对政府购买公共体育服务的内容。中小学生课外锻炼服务属于我国

公共体育服务的重要内容，但迄今，政府购买中小学生课外锻炼服务专门政策文件尚未见报道。我国《政府购买服务管理办法（暂行）》规定："政府购买服务的主体（以下简称购买主体）是各级行政机关和具有行政管理职能的事业单位。"显然，根据这一规定，政府购买主体应该是行政机关和事业单位，根据政府购买中小学生课外锻炼的实际，以及体育、教育等部门的分工，政府购买主体包括各级教育行政主管部门、体育行政主管部门和共青团系统。

二、扩大承接主体

《政府购买服务管理办法（暂行）》规定，政府购买服务要按照一定的方式和程序，交由具备条件的社会力量和事业单位承担。政府购买服务为社会组织开放了广阔的发展空间，有助于推动社会组织强化自我管理、完善治理结构、提高竞争能力，形成政府、社会组织和公共利益的多赢局面。因此，政府购买中小学生课外锻炼服务的承接主体应是社会力量和社会组织，这类承接主体一般是依法在民政部门登记成立的社会组织以及依法在工商管理或行业主管部门登记成立的企业、机构等社会力量。要大力促进社会力量发展，为其发展提供政策环境。例如，2012 年，广东省政府办公厅印发实施《政府向社会组织购买服务暂行办法》（粤府办〔2012〕48 号），规定教育、卫生、文化、体育、公共交通、公共就业等领域适宜由社会组织承担的部分基本公共服务事项，法律服务、课题研究、政策（立法）调研、决策（立法）论证、绩效评价等辅助性和技术性事务，以及其他按政府转移职能要求实行购买服务的事项，原则上通过政府购买服务的方式，逐步转由社会组织承担。省财政厅印发了《省级政府向社会组织购买服务目录（第一批）》和竞争性选择供应方相关规程，指导和督促各地各单位有序开展此项工作。2014 年，政府购买公共服务制度进一步调整，承接政府购买服务的主体明确要求包括社会组织、企业、公益类事业单位和其他机构。

三、明确购买内容

在国家层面，国家体育总局相关司局和中央部委针对公共体育服务的购买主要包括如下方面：国家级体育活动，国家级体育赛事，国际体育俱乐部交流，体育俱乐部管理人员、领队培训，国家体育俱乐部信息平台，国家体育俱乐部宣传推广，国家体育俱乐部评估，国家体育俱乐部政策制定与行业咨询。在地方层面，地方政府为供给公共体育服务的购买实践，整体性的公共体育服务政府购买主体有北京市体育局、常州市体育局等，针对单项体育服务的有武汉市体育局、长沙市体育局在暑假期间购买的游泳服务等。主要包括如下方面：第一，承办县、市、省和全国等级别的各类体育赛事（活动）；第二，组队参加县、市、省和全国等级别各类体育赛事（活动）；第三，业余训练等项目的培训；第四，社会体育指导员等的教育培训；第五，体育运动员、教练员、科研人员和管理人员的教育培训；第六，学校等企事业单位的体育设施向社会开放服务；第七，体育场馆的经营管理；第八，全民健身活动站（点）的管理；第九，国民体质测试；第十，体育中介服务；第十一，公共体育服务的其他项目。江苏省财政厅和体育局在《江苏省本级向社会组织购买公共体育服务暂行办法》中规定购买内容包括开展群众体育活动和青少年体育活动，组织运动员、教练员、裁判员和社会体育指导员等培训，国民体质检测与健身指导，体育公益宣传，其他适宜由社会组织承担的公共体育服务事项。

具体到政府购买中小学生课外锻炼服务，课外锻炼内容应与课程方案设置、学生综合实践活动，以及"每天锻炼一小时"有机结合。具体内容包括：组织学校或学区范围的活动和比赛，开展"科学家进校园""体育明星进校园""艺术家进校园"等系列活动，开设各类社团活动等。

四、规范购买方式

根据政府购买公共体育服务项目的特点和要求，选择不同的购买方式非常必要，目前政府购买公共体育服务主要包括政府采购制、直接资助制和项目申请制。第一，政府采购制要求凡是符合政府采购条件的购买公共体育服务项目，均应纳入政府采购的范畴，严格按照《中华人民共和国政府采购法》及相关法律法规组织采购。第二，直接资助制是由购买主体根据国家相关的文件政策规定，对具有一定资质能够提供青少年体育公共服务的社会力量、社会组织等，按照提供服务的数量、质量、补贴标准及绩效评价结果支付补助资金。主要包括定额补助和凭单结算，定额补助是根据承接单位特定公共体育服务的数量和质量，按一定标准给予补贴，从而促进和鼓励承接单位提供公共体育服务。凭单结算是向符合规定条件的公共体育服务对象发放凭单，由公共体育服务的消费者选择服务提供方，并向服务提供方交付凭单，服务提供方持凭单向行政主管部门结算兑现资金。第三，项目申请制是基于政府发布项目需求后，承接主体根据相关要求提交相关申请文案通过后获得承接资格的方式。要严格按照《关于印发〈政府购买公共服务操作流程〉的通知》要求操作，包括项目公布、项目申报、项目初审、项目论证（项目评审）、项目公示、项目签约、项目实施。

五、确保政府财政保障

政府购买中小学生课外锻炼服务需要从财政预算内支付，鉴于很多地方利用体育彩票公益金等支付。建议在后续的政府购买中小学生课外锻炼服务供给过程中，按照全民健身"三纳入"的要求，政府购买中小学生课外锻炼服务的支出由地方公共财政扶持，建立公共财政支持下的政府购买形式。根据政府购买服务的要求，其具体运作方式是由服务需求主管部门将政府所需购买的服务事项及具体要求向财政申报，以招标的方式确定服务供应方。服务供应方确定后，由服务需求主管部门与服务供应方签订正式合约。每年年终由各服务需求主管部门会同财政部门，根据合约要求，按照评估标准对购买的服务事项实施情况进行评估付费。政府购买服务所需经费列入年度部门预算。条件成熟时，也可考虑制定政府购买服务的范围和目录，向社会公布，形成规划，以达到政府精简机构及人员，培养社会中介力量，达到行政指导与市场运作有效配置的双赢的局面。

五、建立评估监管机制

严格的评估监管机制不仅包括对民间组织服务质量的监督和评估，同时也包括对政府的监督。作为购买协议的双方，权利和义务都是对等的，政府不能利用强大的行政力量规避自身的法律责任和接受监管的义务，要建立多元化的评估机制、监管机制，保证公共财政的合法支出。要运用科学、规范的体育服务绩效评价，对照统一的评价标准，按照绩效评价的内在原则，对政府购买公共体育服务的效果进行适当的评价，以绩效评价结果作为考核和发放购买中小学生课外锻炼服务专项资金的依据。第三方评估机构也应该通过招标产生，并能够提供独立科学的评估报告，绩效评估报告一份提供给供给方，一份提供给地方政府，一份留存，以待后续监管考察之用。

六、完善法规政策

研究制定政府购买中小学生课外锻炼服务的法规和规章，把完善政府购买机制，深入研究和科学设置政府购买的决策、执行、代理、监管机构和职能，合理划分不同类别服务的购买业务分工；优化购买程序，完善效率评价和监管机制。强化政府采购预算和计划的刚性编制，从源头上规范管理；依法审批政府采购方式，严格审核政府采购合同，确保财政性资金的安全支付；加强对集中采购机构的管理，按照集中采购机构考核办法要求，定期开展量化考核工作；结合采购人、采购代理机构在采购过程中存在的薄弱环节，开展有针对性的专项检查，督促其规范采购行为，加强内部管理，提高服务意识、服务质量和服务水平。

第十二章

政府购买中小学生课外锻炼服务制度体系

第一节　法律法规

任何一项制度的发展，都需要经过以下两种路径：一是现存制度不再适应现实的社会发展状态或人们的生产力要求，人们开始通过文化层面的认同，不再遵循旧制度的框架，而是按照更适合的发展模式重新安排生产力，调整生产方式，这时，潜制度，也就是我们所熟知的潜规则诞生了，这种潜行制度是由社会、市场自发形成的，是文化积淀与碰撞的产物，久而久之，这种规则逐渐被社会公众接受，最终作为一种全社会默许的规则运行，此时立法机构无须再行使立法权重新建立法律条例，社会已按照这套潜在的制度运行，我们的道德观念、民风民俗便是由此演化而来；另外一种路径，一项新的制度由于不能通过这种潜移默化的方式形成，只能通过执法机构通过突变暴力手段直接执行，可能是因为新制度会损害既得利益集团而备受阻挠，也可能是因为新制度与原有文化习俗或社会默认潜行制度相忤逆。政府购买中小学生课外锻炼服务制度是在第二种路径上发展起来的，因此，必须依靠更加健全的法律法规体系。

目前，我国政府购买公共体育服务仍然缺乏全国性的法律和法规，而一些地方性法规只是行政法规和条例，不具有普遍性的约束。因此，在政府购买中小学生课外锻炼服务的过程中，要进行相应法律建设。我国目前仍缺乏全国性的法律法规，部分地方政府虽出台了一些规范性文件，但地方特色突出，缺乏普遍约束力和较高的法律地位，修订《中华人民共和国政府采购法》（以下简称《政府采购法》）迫在眉睫。《政府采购法》是针对政府采购的专门性法规，是政府购买社会组织公共服务的基础法律，因此，对于《政府采购法》的修订是完善政府购买中小学生课外锻炼服务的出发点。政府应尽快修订《政府采购法》，尤其应明确将社会组织纳入公共服务提供方的主体地位，并明确规定可承接购买服务的社会组织资质条件，确保政府购买中小学生课外锻炼服务承接政府购买服务的合法地位。各级地方政府也应及时参照新修订的《政府采购法》，结合当地实际情况出台相应的实施细则和配套措施，以期为政府购买中小学生课外锻炼服务提供法律依据。在《政府采购法》以及地方性的法规条例中应明确规定，政府应将购买中小学生课外锻炼服务资金纳入专项资金，设立公共财政支持专项预算，确保财政资金的制度性支出，以使中小学生课外锻炼服务购买具有稳定的资金来源。政府财政部门要根据本地区的财力状况和年度预算计划统筹安排承接主体购买的相关资金，并确保这些资金得到充分合理的利用。要将在政府购买中小学生课外锻炼服务过程中应遵循的原则以法律形式确定下来，以便在大框架下规范政府部门和承接主体的行为。首先是合宪性原则，地方政府与俱乐部的任何行为都必须合乎宪法的规定。其次是权利与义务相统一原则，需要明确的既包括俱乐部在承接政府购买服务时的权利与义务，也包括政府与公民的权利与义务。最后是"公正、公平、公开"的原则，政府向有关承接主体购买中小学生课外锻炼服务也是一种引入市场竞争机制的交易，因此要遵循这最基本的交易原则。

第二节 责任规范

政府购买中小学生课外锻炼服务的效果受多方面因素的影响，其中影响政府购买中小学生课外锻炼服务最关键因素之一，是作为购买主体的政府与作为承接主体的相关责任主体是否已经建立比较明确的责任关系，这种建立在合约基础上的关系，是连接服务购买主体、承接主体及购买对象的纽带。

在"小政府、大社会"理念的提出，以及"服务型政府"观念深入人心的背景下，政府在购买中小学生课外锻炼服务过程中，政府的责任就在于向中小学生提供高效率、高质量的体育服务。随着政府职能的转变，政府在购买服务中起到的是掌舵者的作用，而不是划船者，政府应从"包办政府"的角色中走出来。政府向承接主体购买服务，实质上是站在宏观的角度为承接主体提供体育服务保驾护航，而不是政府对青少年体育责任的转移，只是政府向中小学生提供课外锻炼服务方式不同而已。政府将中小学生课外锻炼服务的生产过程让渡给了承接主体，政府对中小学生依旧负有满足其体育需求的义务。因此，政府有制定政策、宏观指导承接主体向中小学生生产高效体育服务的责任。

社会组织、社会力量等作为非营利性体育社会组织，有为中小学生提供公益服务的社会责任。由于政府购买中小学生课外锻炼服务的相关法律法规尚不健全，承接主体在与政府合作的过程中有所顾虑。为了保证向中小学生提供更好的体育服务，减小承接主体的担忧，政府应该积极配合社会组织及社会力量开展工作，放低姿态。同时，社会组织及社会力量也应认识到，为中小学生提供课外锻炼服务不仅仅是与政府合作的项目，更应该是自身应尽的义务和社会责任。

在政府购买中小学生课外锻炼服务过程中，政府与承接主体之间的职能分工并不相同。政府作为购买中小学生课外锻炼服务的管理主体，应该从宏观角度考虑经济管理和社会发展的总体协调上的内容。社会组织、社会力量作为提供服务的执行主体，应该更多地从细节的角度考虑所提供的课外锻炼服务具体内容和具体操作情况。就现阶段的情况来看，要在政府购买中小学生课外锻炼服务过程中建立明确的责任关系，就需要做好两方面工作。首先是要通过合约方式规范政府与承接主体间的责任关系。需要特别强调的是，在政府与承接主体的责任关系中，二者不是上下级的管理与被管理的隶属关系，而是平等的合作关系。再者，为了使政府与承接主体之间的责任关系能够得到落实，在部分并不需要政府直接参与的部分，承接主体也应该与中小学生建立明确的服务关系。在承接主体直接向青少年提供体育服务时，应该与中小学校签订服务协议，对有偿服务和无偿服务等做出明确的区分，进一步明确双方的服务关系。

第三节　购买程序

政府购买中小学生课外锻炼服务流程的规范性是保证购买行为稳步推进的基础，能够有效改善目前我国在购买实践中的程序混乱现象。为了达到减少财政成本、提高政府购买中小学生课外锻炼服务服务质量和效率的目标，政府必须加快建立和形成规范统一公开透明的政府购买服务新机制，确立健全的公共服务购买流程，尤其要对政府购买中小学生课外锻炼服务的购买内容、购买标准、购买方式等做出明确的规定。

第一，要科学确定购买内容，按照保障基本、受益广泛、满足中小学生需求的原则，突出公益性、普惠性，分级实施目录管理，并加强跟踪管理，建立动态调整机制。政府可向承接单位购买其提供的场地开放、日常活动开展、竞赛交流、指导服务、场馆管理、健身活动站管理、科学健身信息服务，以及国民体质监测。政府购买中小学生课外锻炼服务的内容范围，主要体现在基础条件、活动开展，以及其他类三种。

第二，确定购买标准。由于承接主体提供的体育服务成本构成较为复杂，因此除了少数服务的成本可以量化外，绝大多数服务的成本难以实现量化。确定政府购买中小学生课外锻炼服务的价格是一个难题，为了尽可能使政府购买中小学生课外锻炼服务的价格趋向合理，在对承接主体提供服务进行价格核算的过程中，务必要坚持以下原则：首先要从各地实际出发，具体问题具体分析。在对承接主体进行定价时，需仔细参照当地财政能力、物价水平、居民收入等现实情况。其次是坚持等价原则，即政府购买中小学生课外锻炼服务价格要与其实际价值相符，切忌过高或过低。最后要适当维护承接主体利益，可借助第三方力量来保证政府购买中小学生课外锻炼服务价格的合理性。

第三，选择合理的购买方式。我国政府购买中小学生课外锻炼服务的法定方式有五种，分别是公开招标、邀请招标、竞争性谈判、单一来源采购和询价。一般将政府购买中小学生课外锻炼服务的方式划分为竞争性购买和非竞争性购买两大类，其中，公开招标、邀请招标、竞争性谈判和询价均属于竞争性购买，而单一来源采购常被称为直接委托或定向购买，属于非竞争性购买。在政府购买中小学生课外锻炼服务中应采用竞争性购买的方式，并侧重采用公开招标的购买方式。

第四，作为承接主体的各类社会组织及社会力量应严格按照与政府签订的合同各项条款来提供体育服务，保质保量完成。政府要邀请第三方即评估机构承接主体提供体育服务的运作过程进行监督和评估。政府要积极了解、重视服务提供后效果及接受相应服务对象的反馈情况。如遇到公民投诉等问题，政府不能以项目结束拒绝公民合理的质疑，应调查相关情况，及时给公民满意答复。

第四节　信息公开机制

信息公开是保证我国公民参与社会管理、促进民主法治建设的前提条件，政府购买中小学生课外锻炼服务又关系着青少年的切身利益，因此，政府购买中小学生课外锻炼服务的信息理应成为政府信息重点公开的范围。我国《政府采购法实施条例》对政府采购的信息公开进行了全面的规定："项目信息公开，采购文件公开，中标、成交结果公开，采购合同公开，投诉处理结果公开。"在政府购买中小学生课外锻炼服务中的信息公开主要包括三个阶段。一是事前公开，政府要将购买中小学生课外锻炼服务的目的、原因等向社会公开。二是事中公开，是指政府购买中小学生课外锻炼服务整个流程的公开。首先是政府购买中小学生课外锻炼服务的范围、内容、数量以及选择合作承接单位的依据要公开；其次是项目实施的过程及各方对承接主体服务的绩效评估结果要公开。三是事后公开，指的是在项目完成后，服务对象的反馈以及政府给予公民的答复等也要公开。

第五节　监管制度

为保证政府购买中小学生课外锻炼服务的有序开展，确保资金使用的透明到位，确保公共服务供给的公平正义，确保购买行为的合法合规，建立多元的政府监督机制是必不可少的重要环节。

在政府购买中小学生课外锻炼服务过程中，政府不仅是重要的监督主体，也是被监督主体。作为监督主体，政府要树立正确的监管理念，提高科学监管的能力。首先，政府要明确政府的监管是在法律框架内对承接主体的合法性进行监督，充分意识到政府和承接主体是平等的合作关系。其次，政府要采取科学的监管方式，例如成立政府购买中小学生课外锻炼服务委员会，负责制定科学的监督标准和监管计划，以及监管日常购买工作情况。作为被监督主体，政府资金的使用情况要做到公开透明，必须确保专款专用，同时保证资金使用的高效率。最后，政府应定期向社会公布资金的使用情况，接受社会监督。

政府购买中小学生课外锻炼服务的对象即中小学生及家长无疑是对购买服务质量好坏最直接的监督者。一方面政府应大力培育他们的监督意识，另一方面监督提供参与途径。随着公民意识的觉醒，人们对监督权日益重视，因此在对购买服务监督过程中，应积极将购买对象纳入监督队伍中，多方监督以确保政府购买服务资金规范管理和安全使用。此外，还应建立第三方监督机构，聘请专业的监督人员进入，例如律师、学界专家学者、会计师等，要确保机构在拥有大量专业性、技术性较强的专业人才的基础上，保持监督机构的独立性，真正做到科学合理的监督。

第六节　绩效评估制度

建立绩效评估体系是促进政府购买中小学生课外锻炼服务高效、公平的必要环节，要建立健全综合性评价机制，切实加强政府向社会组织及社会力量购买服务的绩效管理。绩效评估体系应包括评估主体、评估内容与标准、评估方式，以及评估结果应用四个方面的内容。

完善绩效评估体系首要解决的问题就是确定评估主体，应建立由政府主管部门、专家学者、专业人员，以及接受服务的青少年共同组成的第三方评估机构进行绩效评估，并且明确这些不同主体所占的相应比例。

政府应告知承接主体评估内容。评估的内容应该包括服务内容、服务质量、服务人群、服务效果以及服务的及时性等，按照政府与承接主体签订的合同制定相关评估指标进行评估。明确评估标准是检查社会组织是否在"量"

上完成了政府与其约定。

　　评估方式应根据评估主体不同而不同。主要包括：事前评估，即在公开招标时，政府要对参与竞标的社会组织及社会力量进行总体评估，择优选择；事中评估，即在承接主体向中小学生提供课外锻炼服务过程中，评估主体采取抽查或不定期检查的方式进行评估；事后评估，即中小学生要对享受的体育服务进行评估，最后由政府和评估机构做出总体评估。

　　评估结果所起的作用即评估结果的应用。评估结果对承接主体而言既是监督也是激励。面对评估结果，政府要赏罚分明，对绩效高的承接主体进行奖励，通报批评绩效低的承接主体。

参考文献

［1］王登峰. 强健体魄 健全人格——学校体育改革总体思路与路径［J］. 中国德育, 2014（4）：17 - 22.

［2］周登嵩. 学校体育学［M］. 北京：人民体育出版社, 2004. 11.

［3］夏征农, 陈至立. 辞海［M］. 6 版. 上海：上海辞书出版社, 2009.

［4］张大超, 杨娟. 我国政府购买公共体育服务的现实困境和发展对策［J］. 体育科学, 2017, 37（9）：3 - 15, 27.

［5］国务院办公厅. 国务院办公厅关于政府向社会力量购买服务的指导意见［EB/OL］. 中国政府网, 2013 - 09 - 30.

［6］肖林鹏. 论我国公共体育服务供给的基本问题［J］. 体育文化导刊, 2008（1）：10 - 12.

［7］青少年体育司. 体育总局关于印发《青少年体育"十三五"规划》的通知［EB/OL］. 国家体育总局, 2016 - 09 - 08.

［8］新华社. 中共中央 国务院关于深化教育教学改革全面提高义务教育质量的意见［EB/OL］. 中国政府网, 2019 - 07 - 08.

［9］国务院. 国务院关于实施健康中国行动的意见［EB/OL］. 中国政府网, 2019 - 01 - 15.

［10］孟天广, 赵娟. 大数据时代网络搜索行为与公共关注度：基于 2011 -

2017 年百度指数的动态分析 [J]. 学海, 2019 (3)：41 -48.

[11] 新华社. 新产业、新业态支撑高增长——西南五省区市年中经济数据解读 [EB/OL]. 中国政府网, 2017 -07 -31.

[12] 浙江省财政厅办公室. 浙江绍兴财政：政府购买服务实现多赢 [EB/OL]. 中华人民共和国财政部, 2015 -03 -03.

[13] 张峰, 赵光圣, 吉洪林. 回归武术之本真——从技术取向再论我国中小学武术课程设计 [J]. 上海体育学院学报, 2014, 38 (3)：41 -45.

[14]《关于学校武术教育改革与发展的研究》课题组. 我国中小学武术教育状况调查研究 [J]. 体育科学, 2009, 29 (3)：82 -89.

[15] 柴娇, 林加彬. 我国中小学生体育运动项目学习兴趣变化规律研究 [J]. 沈阳体育学院学报, 2018, 37 (2)：80 -88.

[16] 综政司. 让体育课更完备、更有趣、更有效 [EB/OL]. 中华人民共和国教育部, 2015 -01 -08.

[17] 教育部关于印发《中小学德育工作指南》的通知 [EB/OL]. 中华人民共和国教育教育部, 2017 -08 -22.

[18] 周俊. 政府如何选择购买方式和购买对象？——购买社会组织服务中的政府选择研究 [J]. 中共浙江省委党校学报, 2014, 30 (2)：48 -55.

[19] 吴筱珍. 制约我国政府购买公共体育服务的主体因素与优化路径 [J]. 上海体育学院学报, 2017, 41 (6)：42 -46.

[20] 新华社. 中共中央 国务院印发《中长期青年发展规划 (2016—2025 年)》[EB/OL]. 中国政府网, 2017 -04 -13.

[21] 国务院办公厅. 国务院办公厅关于强化学校体育促进学生身心健康全面发展的意见 [EB/OL]. 中国政府网, 2016 -05 -06.

[22] 刘春华. 我国地方政府购买公共体育服务政策扩散路径与行动策略 [J]. 沈阳体育学院学报, 2019 (3).

[23] 金炳华. 哲学大辞典 [M]. 上海：上海辞书出版社, 2001.

[24] 郭加耀. 如何利用大课间组织开展中学生课外体育运动训练 [J].

科学导报·学术，2017 (2).

[25] 弗里曼. 战略管理：利益相关者方法 [M]. 上海：上海译文出版社，2006：87-88.

[26] 吴磊，徐家良. 政府购买公共服务风险生成机理研究——基于利益相关者权利对称视角 [J]. 华东理工大学学报（社会科学版），2019，34 (1)：93-100.

[27] 唐立慧. 政府购买青少年课外锻炼服务的实施对策 [J]. 文化产业，2018 (17)：57-58.

[28] 彭榜容. 贵州省湄江中学课外体育锻炼现状调查及对策分析 [J]. 体育世界，2018 (7).

[29] 边佳楣. 关爱生命学会自护——小学生自我保护教育运行机制的构建与研究 [M]. 福州：福建教育出版社，2003：12.

[30] 于晓虹，李姿姿. 当代中国社团官民二重性的制度分析——以北京市个私协会为个案 [J]. 开放时代，2001 (9)：90-96.

[31] 黄利敏. 发展第三部门完善公共服务供给 [J]. 当代经理人，2006 (17)：241-242.

[32] 柳新元. 利益冲突与制度变迁 [M]. 武汉：武汉大学出版社，2002：31.

[33] 罗纳德·科斯. 财产权力与制度变迁 [M]. 上海：上海人民出版社，1994：374.

[34] 陈洪. 我国体育制度变迁的阻力与突破 [J]. 武汉体育学院学报，2013，47 (3)：14-16.

[35] 张小航. 公共性的回归：后新公共管理时代我国公共体育服务革取向探讨 [J]. 天津体育学院学报，2013，28 (4)：365-366.

[36] 陈秀娟. 我国体育制度改革路径依赖研究 [J]. 体育文化导刊，2008 (12)：6-8.

[37] 束克东. 制度变迁的原因、方式及趋势 [J]. 平顶山学院学报，

2006（8）：15 –16.

［38］肖谋文，姚春立，谢小龙. 对我国体育举国体制的再思考［J］. 山东体育学院学报，2006，22（1）：3 –4.

［39］赖勇泉. 文化、观念与制度——国家体育软实力理论模型构建与动力机制分析［J］. 广州体育学院学报. 2011，31（5）：3 –5.

［40］道格拉斯·诺斯. 经济史上的结构和变革［M］. 北京：商务印书馆，1992：62.

［41］林岗，刘元春，张宇. 诺斯与马克思关于社会发展和制度变迁动力的比较［J］. 中国人民大学学报，2000（3）：25 –33.

［42］马克思恩格斯选集：第2卷［M］. 北京：人民出版社，1995：32 –33.

［43］谭清芳，郭瑞平. 我国体育公共服务体系的制度缺失和均衡发展［J］. 武汉体育学院学报，2013，47（10）：15.

［44］王艾青. 技术创新、制度创新与产业创新的关系分析［J］. 当代经济研究，2005，8：32.

［45］王玮. 公共服务均等化：基本理念与模式选择［J］. 中南财经政法大学学报，2009（1）：55.

［46］刘玉. 发达国家体育公共服务社会化改革实践及启示［J］. 成都体育学报. 2011，3（37）：1 –3.

［47］刘思华，梁恒. 中国《全民健身计划（2011 –2015）》与美国《健康公民2010》的比较研究［J］. 中国西部科技，2012，11（8）：72.

［48］陈丛刊，卢文云，陈宁. 英国公共体育服务供给体系建设的经验与启示［J］. 成都体育学院学报，2012，37（1）：29 –30.

［49］戴建. 中国公共体育服务发展报告［M］. 北京：社会科学文献出版社，2013.

［50］范卉颖，唐炎，张加林，等. 我国青少年运动意愿及影响因素研究［J］. 中国体育科技：1 –13.

[51] 高鹏飞，梁勤超，李磊. 青少年体育参与不足的文化惯习、代际传递与现代重构 [J]. 体育与科学，2019，40 (3)：48 - 53.

[52] 朱家岩. 家庭因素对青少年体育锻炼的影响研究 [J]. 运动，2018 (20)：79 - 80.

[53] 孔祥. 城市社区体育公共服务体系建设的供给主体及实现路径 [J]. 体育与科学，2011，32 (4)：66 - 71.

附　录

附录1　政府购买中小学生
课外锻炼服务状况调查问卷（承接主体）

问卷说明

尊敬的各位业界朋友，您好：

当前，教育部对广大中小学生下午放学后的课后托管服务非常重视，先后出台政策并以政府出钱购买服务的方式加强学生课后托管。中小学生课外锻炼服务属于我国政府购买公共体育服务的基本内容。政府购买中小学生课外锻炼服务是指在学生课余、课后等非正常教学时间段，政府有关部门向社会组织或社会力量购买中小学生课外锻炼服务的过程。它不属于体育课，而是由政府买单提供给学生的一项公共服务。当前，全国范围内的政府购买中小学生课外锻炼服务还没有展开，但已有个别省市开始实施。请您如实填写此份问卷，问卷调查结果将形成决策咨询意见呈送给政府有关部门参考，最终为促进社会力量参与政府购买中小学生课外锻炼服务发挥作用，感谢您的大力支持！

第一部分：背景信息

1. 您的性别

A 男　B 女

2. 您的年龄

A 20 岁以下　　B 21～30 岁　　C 31～40 岁　　D 41～50 岁　　E 51 岁以上

3. 您的文化程度

A 博士　　　　　B 硕士　　　　　C 本科　　　　　D 大专　　　　　E 高中（中专）

F 高中（中专）以下

4. 贵单位性质

A 国有企业　　B 私营企业　　C 外资企业

D 社会组织（协会、社团、基金会等）

E 事业单位（中心、少年宫等）

F 其他　　　　　G 不清楚

5. 贵单位是否为体育类组织

A 是　　　　　　　B 否（请跳至第 6 题）

贵单位从事青少年体育业务范围情况

A 专门从事青少年体育业务范围

B 兼营青少年体育业务范围

C 不清楚

6. 贵单位业务范围（可多选）

A 服务类（包括服务、咨询、工程设计、科技等服务）

B 商贸类（包括百货、文化办公、包装、工艺类等）

C 体育类（包括体育活动策划、经营、研发、交流等）

D 其他

7. 单位注册资本

A 3 万元　　　　B 4～9 万元　　　　C 10～20 万元　　　　D 21～29 万元

E 30～39 万元　F 40～49 万元　　　G 50～59 万元　　　　H 60～99 万元

I 100～299 万元　　　　　　　　J 300～500 万元

K 501～10000 万元　　　　　　L 10000 万元以上

8. 单位从事青少年体育服务情况

A 经常　　　　　B 偶尔　　　　　C 从不　　　　　　D 不清楚

9. 您的身份

A 单位领导　　　B 部门领导　　　C 高级职员　　　　D 一般职员

E 其他

10. 您的工作年限

A 3 年以下　　　B 3～5 年　　　C 6～10 年　　　　　D 11～15 年

E 16～20 年　　　F 20 年以上

11. 您的所属省份

A 华东（上海市、江苏省、浙江省、安徽省、福建省、江西省、山东省、台湾省）

B 华北（北京市、天津市、山西省、河北省、内蒙古自治区中部）

C 华中（河南省、湖北省、湖南省）

D 华南（广东省、广西壮族自治区、海南省、香港特别行政区、澳门特别行政区）

E 西南（四川省、贵州省、云南省、重庆市、西藏自治区）

F 西北（陕西省、甘肃省、青海省、宁夏回族自治区、新疆维吾尔自治区、内蒙古自治区西部）

G 东北（黑龙江省、吉林省、辽宁省、内蒙古自治区东部）

第二部分：政府购买中小学生课外锻炼服务的认知情况调查

1. 您对政府购买公共体育服务

A 非常了解　　B 比较了解　　　C 一般了解　　　　　D 不太了解

E 根本不了解

2. 您对政府购买青少年体育服务

A 非常了解　　B 比较了解　　　　C 一般了解　　　　D 不太了解

E 根本不了解

3. 您对政府购买中小学生课外锻炼服务

A 非常了解　　B 比较了解　　　　C 一般了解　　　　D 不太了解

E 根本不了解

4. 您对政府购买中小学生课后体育锻炼服务相关政策

A 非常了解　　B 比较了解　　　　C 一般了解　　　　D 不太了解

E 根本不了解

5. 您认为政府购买中小学生课外锻炼服务

A 非常重要　　B 比较重要　　　　C 一般重要　　　　D 不太重要

E 根本不重要

6. 您认为政府购买中小学生课外锻炼服务对学校

A 非常重要　　B 比较重要　　　　C 一般重要　　　　D 不太重要

E 根本不重要

7. 您认为政府购买中小学生课外锻炼服务对家长

A 非常重要　　B 比较重要　　　　C 一般重要　　　　D 不太重要

E 根本不重要

8. 您认为政府购买中小学生课外锻炼服务对学生

A 非常重要　　B 比较重要　　　　C 一般重要　　　　D 不太重要

E 根本不重要

9. 您认为政府购买中小学生课外锻炼服务对本单位

A 非常重要　　B 比较重要　　　　C 一般重要　　　　D 不太重要

E 根本不重要

10. 您认为政府购买中小学生课外锻炼服务对政府部门

A 非常重要　　B 比较重要　　　　C 一般重要　　　　D 不太重要

E 根本不重要

11. 您认为建立政府购买中小学生课外锻炼服务制度

A 非常重要　　　B 比较重要　　　　C 一般重要　　　　D 不太重要

E 根本不重要

12. 您认为中小学生课外锻炼服务应该由谁买单

A 政府部门承担　　　　　　　　B 家长承担

C 政府和家长共同承担　　　　　D 不清楚

13. 您认为政府购买中小学生课外锻炼服务所需师资

A 严重不足　　　B 一般　　　　　C 不太充足　　　　D 非常充足

E 不清楚

14. 您认为政府购买中小学生课外锻炼服务所需场地设施

A 严重不足　　　B 一般　　　　　C 不太充足　　　　D 非常充足

E 不清楚

第三部分：承接政府购买中小学生课外锻炼服务情况调查

1. 贵单位是否承接过政府购买公共体育服务

A 是　　B 否（请跳至第 2 题）　　　C 不清楚（请跳至第 2 题）

如果是，承接政府购买公共体育服务的内容是（可多选）

A 学校体育课与课外锻炼　　　　　B 体育竞赛组织与承办

C 全民健身活动组织与承办

D 公益性体育展览、培训、健身指导、国民体质监测与体育锻炼标准测

验达标活动的组织与承办

E 公益性青少年体育竞赛活动的组织与承办

F 其他　　　　　　　　　　　　　G 不清楚

2. 贵单位是否承接过政府购买中小学生课外锻炼服务

A 是　　B 否（请跳第 11 题）　　　C 不清楚（请跳至第 11 题）

3. 承接政府购买中小学生课外锻炼服务的内容（可多选）

A 足球　B 篮球　C 排球　D 田径　E 游泳　F 体操　G 武术　H 乒乓球

I 羽毛球　J 网球　K 健美操　L 滑冰　M 娱乐游戏　N 拓展训练

O 舞蹈　P 其他

4. 承接政府购买中小学生课外锻炼服务的时间（可多选）

A 大课间　　　　B 下午课后　　　　C 周末　　　　　　D 节假日

E 其他

5. 承接政府购买中小学生课外锻炼服务的形式（可多选）

A 组织比赛　　B 课程授课　　　　C 运动训练　　　　D 素质拓展

E 社团活动　　F 其他

6. 承接政府购买中小学生课外锻炼服务的资金来源（可多选）

A 财政拨款　　B 教育局拨款　　　C 体育局拨款　　　D 体彩公益金

E 其他　　　　F 不清楚

7. 承接政府购买中小学生课外锻炼服务的方式（可多选）

A 单一来源　　B 定向委托　　　　C 公开招标　　　　D 邀请招标

E 竞争性谈判　F 竞争性磋商　　　G 其他　　　　　　H 不清楚

8. 学校是否派教师等相关人员参与政府购买中小学生课外体育锻炼服务

A 是　　　　　B 否　　　　　　　C 不清楚

9. 承接政府购买中小学生课外锻炼服务过程中是否受到评估监督

A 是　　　　　B 否　　　　　　　C 不清楚

10. 在承接政府购买中小学生课外锻炼服务中遇到的问题是（可多选）（填完后请跳至第 12 题）

A 相关法规政策不完善

B 现有法规政策执行力不够

C 制度保障欠缺，如缺乏公开透明的招投标制度、科学的绩效评估制度等

D 相关政策条款模糊，如缺少政府购买中小学生课外锻炼服务范围、标准等

E 政府购买中小学生课外锻炼服务的机制不顺

F 学校配合不够　　　　　　　　G 家长配合不够

H 学生配合不够　　　　　　　I 经费不到位

J 购买标准不规范　　　　　　K 监督考核不够

L 政府购买中小学生课外锻炼服务的动力不足

M 政府购买中小学生课外锻炼服务的规模不大

N 政府购买中小学生课外锻炼服务的覆盖面不广

O 缺乏师资　　　　　　　　　P 其他

11. 如果否，贵单位未承接政府购买中小学生课外锻炼服务的原因是（可多选）

A 本地尚未组织开展该政府购买服务　　B 自身资质不符

C 申请程序烦琐　D 政府购买服务法规政策不健全

E 购买服务提供的经费不足　F 政府购买服务内容不适合本单位业务范围

G 验收困难　H 监管苛刻　　I 政府购买服务的标准缺失

J 政府购买服务机制不顺畅　K 其他　L 不清楚

12. 您对政府购买中小学生课外锻炼服务的建议（可多选）

A 完善政府购买中小学生课外锻炼服务的制度

B 理顺政府购买中小学生课外锻炼服务的机制

C 提高政府购买中小学生课外锻炼服务的质量

D 扩大政府购买中小学生课外锻炼服务的规模

E 扩大政府购买中小学生课外锻炼服务覆盖面

F 全国范围内实施政府购买中小学生课外锻炼服务

G 吸引更多社会力量参与政府购买中小学生课外锻炼服务

H 丰富政府购买中小学生课外锻炼服务的规模、内容和形式

I 加强政府购买中小学生课外锻炼服务的宣传引导

J 建立健全政府购买中小学生课外锻炼服务的法规政策体系

K 加强和其他课后服务（如音乐、艺术、舞蹈等）的配合

L 加强政府购买中小学生课外锻炼服务的财政资金投入

M 其他

附录 2　政府购买中小学生
课外锻炼服务状况调查问卷（中小学校相关人员）

问卷说明

尊敬的各位领导、老师，您好：

当前，为解决下午三点半放学后家长接孩子的后顾之忧，以及锻炼学生体质，丰富广大学生的课后活动，教育部对广大中小学生的课后服务非常重视，先后出台政策并试点实施政府出钱购买服务的课后托管试点工作。政府购买中小学生课外锻炼服务是指在学生课余、课后等非正常教学时间段，政府有关部门向社会组织或社会力量购买中小学生课外锻炼服务的过程。它不属于体育课，而是由政府买单提供给学生的一项公共服务。当前，全国范围内的政府购买中小学生课外锻炼服务还没有展开，但已有个别省市开始实施，为进一步完善这一政策，请您填写此份问卷，问卷调查结果将形成决策咨询意见呈送给政府有关部门参考，最终为促进学校课后服务托管发挥作用，感谢您的大力支持！

第一部分：背景信息

1. 您的性别

A 男　　　　　　B 女

2. 您的年龄

A 20 岁以下　　B 21～30 岁　　　　C 31～40 岁　　　　D 41～50 岁

E 51 岁以上

3. 您的文化程度

A 博士　　　　B 硕士　　　　　C 本科　　　　　D 大专

E 高中（中专）　　　　　　　F 高中（中专）以下

4. 您的学校类型

A 小学　　　　　　　　　B 初级中学（初中）

C 高级中学（高中）　　　　D 职业高中（职高）

E 中等专业学校（中专）

5. 学校是否为重点学校

A 是　　　　　B 否（请跳至第 6 题）

如果是，重点学校的类型：

A 省（自治区、直辖市）重点　B 市区级重点　C 区（县）级重点

6. 学校办学性质

A 公办　　　　　B 私立　　　　　C 其他

7. 学校是否为体育类学校

A 是　　　　　B 否（请跳至第 8 题）

如果是，体育类学校类型

A 业余体校　B 中专体校　C 少体校　D 体育传统项目学校　E 其他

8. 您的身份

A 校领导　　　　　　　　　B 体育部（科、组、室）领导

C 非体育部门领导　　　　　D 体育教师

E 文化教师　　F 教学教辅人员　　G 其他

9. 您的工作年限

A 3 年以下　　B 3～5 年　　　C 6～10 年　　　　　D 11～15 年

E 16～20 年　　F 20 年以上

10. 所在省份

A 华东（上海市、江苏省、浙江省、安徽省、福建省、江西省、山东省、台湾省）

B 华北（北京市、天津市、山西省、河北省、内蒙古自治区中部）

C 华中（河南省、湖北省、湖南省）

D 华南（广东省、广西壮族自治区、海南省、香港特别行政区、澳门特别行政区）

E 西南（四川省、贵州省、云南省、重庆市、西藏自治区）

F 西北（陕西省、甘肃省、青海省、宁夏回族自治区、新疆维吾尔自治区、内蒙古自治区西部）

G 东北（黑龙江省、吉林省、辽宁省、内蒙古自治区东部）

第二部分：政府购买中小学生课外锻炼服务的认知情况调查

1. 您对政府购买中小学生课外锻炼服务

A 非常了解　　B 比较了解　　　　C 一般了解　　　　D 不太了解

E 根本不了解

2. 您对政府购买中小学生课后体育锻炼服务相关政策

A 非常了解　　B 比较了解　　　　C 一般了解　　　　D 不太了解

E 根本不了解

3. 您认为政府购买中小学生课外锻炼服务

A 非常重要　　B 比较重要　　　　C 一般重要　　　　D 不太重要

E 根本不重要

4. 您认为政府购买中小学生课外锻炼服务对学校

A 非常重要　　B 比较重要　　　　C 一般重要　　　　D 不太重要

E 根本不重要

5. 您认为政府购买中小学生课外锻炼服务对家长

A 非常重要　　B 比较重要　　　　C 一般重要　　　　D 不太重要

E 根本不重要

6. 您认为政府购买中小学生课外锻炼服务对学生

A 非常重要　　B 比较重要　　　　C 一般重要　　　　D 不太重要

E 根本不重要

7. 您认为政府购买中小学生课外锻炼服务对政府部门

A 非常重要　　　B 比较重要　　　　C 一般重要　　　　D 不太重要

E 根本不重要

8. 您认为建立政府购买中小学生课外锻炼服务制度

A 非常重要　　　B 比较重要　　　　C 一般重要　　　　　D 不太重要

E 根本不重要

9. 您认为中小学生课外锻炼服务应该由谁买单

A 政府部门承担　　　　　　　　B 家长承担

C 政府和家长共同承担　　　　　D 不清楚

10. 你是否支持学校实施政府购买中小学生课外锻炼服务

A 是（请跳至第 11 题）　　　　B 否　　　C 说不准（请跳至第 11 题）

如果否，你不支持学校实施政府购买中小学生课外锻炼服务的原因是

（可多选）

A 怕耽误学习　B 怕教得不好　　　C 怕受累　　　　　D 怕受伤

E 怕收费　　　F 怕回家太晚　　　G 怕耽误其他学习任务

H 怕学生没兴趣　I 怕孩子学得不好　J 不太了解此事　K 怕老师不支持

L 怕家长不支持　M 其他　N 不清楚

11. 您认为当地政府购买中小学生课外锻炼服务所需师资

A 严重不足　　　B 一般　　　　C 不太充足　　　　D 非常充足

E 不清楚

12. 您认为当地政府购买中小学生课外锻炼服务所需场地设施

A 严重不足　　　B 一般　　　　C 不太充足　　　　D 非常充足

E 不清楚

13. 您认为当地政府购买中小学生课外锻炼服务所需经费

A 严重不足　　　B 一般　　　　C 不太充足　　　　D 非常充足

E 不清楚

第三部分：政府购买中小学生课外锻炼服务情况调查

1. 本地实施政府购买中小学生课外锻炼服务情况

A 全面实施　　　 B 部分地区实施　　 C 个别地方实施　　　 D 未实施

E 不清楚

2. 本校实施政府购买中小学生课外锻炼服务情况

A 已实施　　　 B 未实施　　　　 C 即将实施　　　　 D 不清楚

3. 学校实施政府购买青少年体育服务情况

A 是　　　　　 B 否（请跳至 4 题）

C 不清楚（请跳至第 4 题）

如果是，政府购买青少年体育服务的内容是（可多选）

A 体育课　 B 课外锻炼　 C 课余训练与竞赛　 D 课间活动　 E 其他

F 不清楚

4. 学校是否实施了政府购买中小学生课外锻炼服务

A 是

B 否（请跳至第 13 题）

C 不清楚（请跳至第 14 题）

5. 学校实施政府购买中小学生课外锻炼服务的内容（可多选）

A 足球　　　　 B 篮球　　　　 C 排球　　　　　 D 田径

E 游泳　　　　 F 体操　　　　 G 武术　　　　　 H 乒乓球

I 羽毛球　　　 J 网球　　　　 K 健美操　　　　 L 滑冰

M 娱乐游戏　　 N 拓展训练　　 O 舞蹈　　　　　 P 其他

6. 学校实施政府购买中小学生课外锻炼服务的时间（可多选）

A 大课间　　　 B 下午课后　　 C 周末　　　　　 D 节假日

E 其他

7. 学校实施政府购买中小学生课外锻炼服务的形式（可多选）

A 组织比赛　　 B 课程授课　　 C 运动训练　　　 D 素质拓展

230

E 社团活动　　F 其他

8. 学校实施政府购买中小学生课外锻炼服务的资金来源（可多选）

A 财政拨款　　B 教育局拨款　　　C 体育局拨款　　　　D 体彩公益金

E 其他　　　F 不清楚

9. 学校实施政府购买中小学生课外锻炼服务的方式（可多选）

A 单一来源　　B 定向委托　　C 公开招标　　　　D 邀请招标

E 竞争性谈判　F 竞争性磋商　　G 其他　　　　　　H 不清楚

10. 学校是否对参与政府购买课外体育锻炼服务的教师及相关人员给予补助

A 有补助　　　B 没有补助　　C 不清楚

11. 学校是否参与政府购买中小学生课外锻炼服务的评估监督情况

A 是　　　　B 否　　　　　C 不清楚

12. 学校实施政府购买中小学生课外锻炼服务中遇到的问题是（可多选）（填完后请无条件跳至第 14 题）

A 相关法规政策不完善

B 现有法规政策执行力不够

C 制度保障欠缺，如缺乏公开透明的招投标制度、科学的绩效评估制度等

D 相关政策条款模糊，如缺少政府购买中小学生课外锻炼服务范围、标准等

E 政府购买中小学生课外锻炼服务的机制不顺

F 承接主体服务能力不够

G 承接方配合不够　　　　　　H 家长配合不够

I 学生配合不够　　　　　　　J 购买标准不规范

K 监督考核不够　　　　　　　L 经费不到位

M 政府购买中小学生课外锻炼服务的动力不足

N 政府购买中小学生课外锻炼服务的规模不大

O 政府购买中小学生课外锻炼服务的覆盖面不广

P 师资队伍薄弱 Q 其他

13. 如果否，学校没有实施政府购买中小学生课外锻炼服务的原因（可多选）

A 本地尚未实施政府购买服务 B 上级相关部门不重视

C 政府购买服务的标准缺失 D 政府购买服务法规政策不健全

E 怕扰乱学校秩序 F 不信任服务承接方 G 其他

H 不能吸引承接方参与 I 政府购买服务机制不顺畅 J 不清楚

14. 您对政府购买中小学生课外锻炼服务的建议（可多选）

A 完善政府购买中小学生课外锻炼服务的制度

B 理顺政府购买中小学生课外锻炼服务的机制

C 提高政府购买中小学生课外锻炼服务的质量

D 扩大政府购买中小学生课外锻炼服务的规模

E 扩大政府购买中小学生课外锻炼服务覆盖面

F 全国范围内实施政府购买中小学生课外锻炼服务

G 吸引更多社会力量参与政府购买中小学生课外锻炼服务

H 丰富政府购买中小学生课外锻炼服务的规模、内容和形式

I 加强政府购买中小学生课外锻炼服务的宣传引导

J 建立健全政府购买中小学生课外锻炼服务的法规政策体系

K 加强和其他课后服务（如音乐、艺术、舞蹈等）的配合

L 加强政府购买中小学生课外锻炼服务的财政资金投入

M 其他

附录3　政府购买中小学生
课外锻炼服务状况调查问卷（中小学生家长）

问卷说明

尊敬的各位家长朋友，您好：

当前，为解决下午三点半放学后家长接孩子的后顾之忧，以及锻炼学生体质，丰富广大学生的课后活动，教育部对广大中小学生的课后服务非常重视，先后出台政策并实施政府出钱购买服务的课后托管试点工作。政府购买中小学生课外锻炼服务是指在学生课余、课后等非正常教学时间段，政府有关部门向社会组织或社会力量购买中小学生课外锻炼服务的过程。它不属于体育课，而是由政府买单提供给学生的一项公共服务。当前，全国范围内的政府购买中小学生课外锻炼服务还没有展开，但已有个别省市开始实施。请您如实填写此份问卷，问卷调查结果将形成决策咨询意见呈送给政府有关部门参考，最终为促进广大中小学生身心健康，体魄强健发挥作用，再次感谢您的大力支持！

第一部分：背景信息

1. 您的性别

A 男　　　　　　　B 女

2. 您的年龄

A 20 岁以下　　B 21 ~ 30 岁　　　　C 31 ~ 40 岁　　　　D 41 ~ 50 岁

E 51 岁以上

3. 您的文化程度

A 博士　　　　　B 硕士　　　　　C 本科　　　　　D 大专

E 高中（中专）　　　　　　F 高中（中专）以下

4. 您的职业

A 专业人士（如教师/医生/律师等）

B 服务业人员（如餐饮服务员/司机/售货员等）

C 自由职业者（如作家/艺术家/摄影师/导游等）

D 工人（如工厂工人/建筑工人/城市环卫工人等）

E 公司职员　　　　　　　　F 事业单位/公务员/政府工作人员

G 学生　　　　H 家庭主妇　　　I 农民　　　　　J 其他

5. 子女性别

A 男　　　　　B 女

6. 您是子女的

A 父亲　　　　B 母亲　　　　C 祖父/祖母　　　　D 外祖父/外祖母

E 其他

7. 子女所在学校

A 小学　　　　　　　　　　B 初级中学（初中）

C 高级中学（高中）　　　　D 职业高中（职高）

E 中等专业学校（中专）

8. 子女所在学校是否为重点学校

A 是　　　　　B 否（请跳至第 9 题）

如果是，重点学校的类型：

A. 省（自治区、直辖市）重点　B. 市区级重点　C. 区（县）级重点

9. 子女所在学校办学性质

A 公办　　　　B 私立　　　　　C 其他

10. 子女所在学校是否为体育类学校

A 是　　　　　B 否（请跳至第 11 题）

如果是，体育类学校类型：

A 业余体校　　B 中专体校　　　C 少体校　　　　D 体育传统项目学校

E 其他　　　　　　F 不清楚

11. 子女所在学校位于

A 城市　　　　　B 乡镇　　　　　　C 不清楚

12. 您所在省份

A 华东（上海市、江苏省、浙江省、安徽省、福建省、江西省、山东省、台湾省）

B 华北（北京市、天津市、山西省、河北省、内蒙古自治区中部）

C 华中（河南省、湖北省、湖南省）

D 华南（广东省、广西壮族自治区、海南省、香港特别行政区、澳门特别行政区）

E 西南（四川省、贵州省、云南省、重庆市、西藏自治区）

F 西北（陕西省、甘肃省、青海省、宁夏回族自治区、新疆维吾尔自治区、内蒙古自治区西部）

G 东北（黑龙江省、吉林省、辽宁省、内蒙古自治区东部）

第二部分：政府购买中小学生课外锻炼服务的认知及实施情况调查

1. 您对政府购买中小学生课外锻炼服务

A 非常了解　　B 比较了解　　　　C 一般了解　　　　D 不太了解

E 根本不了解

2. 您对政府购买中小学生课后体育锻炼服务相关政策

A 非常了解　　B 比较了解　　　　C 一般了解　　　　D 不太了解

E 根本不了解

3. 您认为政府购买中小学生课外锻炼服务

A 非常重要　　B 比较重要　　　　C 一般重要　　　　D 不太重要

E 根本不重要

4. 您认为政府购买中小学生课外锻炼服务对学校

A 非常重要　　B 比较重要　　　　C 一般重要　　　　D 不太重要

E 根本不重要

5. 您认为政府购买中小学生课外锻炼服务对家长

A 非常重要　　　B 比较重要　　　　C 一般重要　　　　D 不太重要

E 根本不重要

6. 您认为政府购买中小学生课外锻炼服务对学生

A 非常重要　　　B 比较重要　　　　C 一般重要　　　　D 不太重要

E 根本不重要

7. 您认为政府购买中小学生课外锻炼服务对本人

A 非常重要　　　B 比较重要　　　　C 一般重要　　　　D 不太重要

E 根本不重要

8. 您认为政府购买中小学生课外锻炼服务对政府部门

A 非常重要　　　B 比较重要　　　　C 一般重要　　　　D 不太重要

E 根本不重要

9. 您认为建立政府购买中小学生课外锻炼服务制度

A 非常重要　　　B 比较重要　　　　C 一般重要　　　　D 不太重要

E 根本不重要

10. 您认为中小学生课外锻炼服务应该由谁买单

A 政府部门承担　　　　　　　B 家长承担

C 政府和家长共同承担　　　　D 不清楚

11. 您认为当地政府购买中小学生课外锻炼服务所需师资

A 严重不足　　　B 一般　　　　C 不太充足　　　　D 非常充足

E 不清楚

12. 您认为当地政府购买中小学生课外锻炼服务所需场地设施

A 严重不足　　　B 一般　　　　C 不太充足　　　　D 非常充足

E 不清楚

13. 您认为当地政府购买中小学生课外锻炼服务所需经费

A 严重不足　　　B 一般　　　　C 不太充足　　　　D 非常充足

E 不清楚

14. 本地实施政府购买中小学生课外锻炼服务情况

A 全面实施　　　B 部分地区实施　　C 个别地方实施　　　D 未实施

E 不清楚

15. 子女所在学校实施政府购买中小学生课外锻炼服务情况

A 已实施　　　　　　　　　　B 未实施（请跳至第 16 题）

C 即将实施（请跳至第 16 题）　　D 不清楚（请跳至第 16 题）

如果已实施，政府购买中小学生课外锻炼服务的内容（可多选）

A 足球　　　　　B 篮球　　　　　　C 排球　　　　　　D 田径

E 游泳　　　　　F 体操　　　　　　G 武术　　　　　　H 乒乓球

I 羽毛球　　　　J 网球　　　　　　K 健美操　　　　　L 滑冰

M 娱乐游戏　　　N 拓展训练　　　　O 舞蹈　　　　　　P 其他

Q 不清楚

政府购买中小学生课外锻炼服务的时间（可多选）

A 大课间　　　　B 下午课后　　　　C 周末　　　　　　D 节假日

E 其他　　　　　F 不清楚

政府购买中小学生课外锻炼服务的形式（可多选）

A 组织比赛　　　B 课程授课　　　　C 运动训练　　　　D 素质拓展

E 社团活动　　　F 其他　　　　　　G 不清楚

16. 是否支持子女所在学校实施政府购买中小学生课外锻炼服务

A 是（请跳至第 17 题）　　　　B 否　　　C 不清楚（请跳至第 17 题）

如果"否"，您不支持学校实施政府购买中小学生课外锻炼服务的原因是

（可多选）

A 怕耽误学习　B 怕教得不好　　　C 怕孩子受累　　　D 怕孩子受伤

E 怕收费　　　F 怕回家太晚　　　G 怕耽误其他学习任务

H 怕孩子没兴趣　　　I 怕文化课老师反对　　　J 其他　　　K 不清楚

17. 您的子女是否支持学校实施政府购买中小学生课外锻炼服务

A 是（请跳至第三部分）　　　B 否　　　C 说不清（请跳至第三部分）

如果否，您的子女不支持学校实施政府购买中小学生课外锻炼服务的原因（可多选）

A 怕耽误学习　B 怕教得不好　　C 怕受累　　　　D 怕受伤

E 怕收费　　　F 怕回家太晚　　G 怕耽误其他学习任务

H 怕孩子没兴趣　I 怕家长不同意　J 其他　K 不清楚

第三部分：对政府购买中小学生课外锻炼服务的建议和希望

1. 建议政府购买中小学生课外锻炼服务的内容（可多选）

A 足球　　　　B 篮球　　　　C 排球　　　　D 田径

E 游泳　　　　F 体操　　　　G 武术　　　　H 乒乓球

I 羽毛球　　　J 网球　　　　K 健美操　　　L 滑冰

M 娱乐游戏　　N 拓展训练　　O 舞蹈　　　　P 其他

Q 不清楚

2. 建议政府购买中小学生课外锻炼服务的时间（可多选）

A 大课间　　　B 下午课后　　C 周末　　　　D 节假日

E 其他　　　　F 不清楚

3. 建议政府购买中小学生课外锻炼服务的形式（可多选）

A 组织比赛　　B 课程授课　　C 运动训练　　D 素质拓展

E 社团活动　　F 其他　　　　G 不清楚

4. 您对政府购买中小学生课外锻炼服务的建议（可多选）

A 完善政府购买中小学生课外锻炼服务的制度

B 理顺政府购买中小学生课外锻炼服务的机制

C 提高政府购买中小学生课外锻炼服务的质量

D 扩大政府购买中小学生课外锻炼服务的规模

E 扩大政府购买中小学生课外锻炼服务覆盖面

F 全国范围内实施政府购买中小学生课外锻炼服务

G 吸引更多社会力量参与政府购买中小学生课外锻炼服务

H 丰富政府购买中小学生课外锻炼服务的规模、内容和形式

I 加强政府购买中小学生课外锻炼服务的宣传引导

J 建立健全政府购买中小学生课外锻炼服务的法规政策体系

K 加强和其他课后服务（如音乐、艺术、舞蹈等）的配合

L 加强政府购买中小学生课外锻炼服务的财政资金投入

M 其他

附录4　政府购买中小学生
课外锻炼服务状况调查问卷（中小学生）

问卷说明

亲爱的同学们，你好：

　　为进一步丰富同学们下午放学后的课后安排，我国教育部发布了加强学生课后服务的有关政策，在有些地方实施了政府购买青少年体育服务项目。政府购买中小学生课外锻炼服务是指在学生课余、课后等非正常教学时间段，政府有关部门向社会组织或社会力量购买中小学生课外锻炼服务的过程。它不属于体育课，而是由政府买单提供给学生的一项公共服务。当前，我国政府购买中小学生课外锻炼还没有完全实施。为尽快出台相关文件，帮助政府购买中小学生课外锻炼服务及早贯彻落实。请你填写此份问卷，问卷调查结果将形成决策咨询意见呈送给政府有关部门参考，最终为促进广大中小学生身心健康，体魄强健发挥作用，感谢你的大力支持！

第一部分：背景信息

1. 性别

A 男　　　　　B 女

2. 年龄

A 6~9 岁　　　B 10~12 岁　　　C 13~15 岁　　　　D 16~18 岁

E 18 岁以上

3. 所在学校

A 小学　　　　　　　　　B 初级中学（初中）

C 高级中学（高中）　　　D 职业高中（职高）

E 中等专业学校（中专）

4. 学校是否为重点学校

A 是　　　　　B 否（请跳至第 5 题）　　　C 不清楚（请跳至第 5 题）

如果是重点学校，重点学校的类型：

A. 省（自治区、直辖市）重点　B. 市区级重点

C. 区（县）级重点　　　　　　　D. 不清楚

5. 学校办学性质

A 公办　　　　B 私立　　　　C 其他　　　　　　D 不清楚

6. 学校是否为体育类学校

A 是　　　　　B 否（请跳至第 7 题）　C 不清楚（请跳至第 7 题）

如果是，体育类学校类型：

A. 业余体校　B. 中专体校　　C. 少体校　　D. 体育传统项目学校

E. 其他　　　F. 不清楚

7. 所在学校位于

A 城市　　　　B 乡镇　　　　C 不清楚

8. 所在省份

A 华东（上海市、江苏省、浙江省、安徽省、福建省、江西省、山东省、

台湾）

B 华北（北京市、天津市、山西省、河北省、内蒙古自治区中部）

C 华中（河南省、湖北省、湖南省）

D 华南（广东省、广西壮族自治区、海南省、香港特别行政区、澳门特别行政区）

E 西南（四川省、贵州省、云南省、重庆市、西藏自治区）

F 西北（陕西省、甘肃省、青海省、宁夏回族自治区、新疆维吾尔自治区、内蒙古自治区西部）

G 东北（黑龙江省、吉林省、辽宁省、内蒙古自治区东部）

第二部分：政府购买中小学生课外锻炼服务的认知及实施情况调查

4. 你对政府购买中小学生课外锻炼服务

A 非常了解　　　B 比较了解　　　　C 一般了解　　　　　D 不太了解

E 根本不了解

5. 你认为政府购买中小学生课外锻炼服务

A 非常重要　　　B 比较重要　　　　C 一般重要　　　　　D 不太重要

E 根本不重要

3. 您对政府购买中小学生课后体育锻炼服务相关政策

A 非常了解　　　B 比较了解　　　　C 一般了解　　　　　D 不太了解

E 根本不了解

4. 你认为政府购买中小学生课外锻炼服务对学校

A 非常重要　　　B 比较重要　　　　C 一般重要　　　　　D 不太重要

E 根本不重要

5. 你认为政府购买中小学生课外锻炼服务对家长

A 非常重要　　　B 比较重要　　　　C 一般重要　　　　　D 不太重要

E 根本不重要

6. 你认为政府购买中小学生课外锻炼服务对自己

A 非常重要　　B 比较重要　　　　C 一般重要　　　　D 不太重要

E 根本不重要

7. 您认为政府购买中小学生课外锻炼服务对政府部门

A 非常重要　　B 比较重要　　　　C 一般重要　　　　D 不太重要

E 根本不重要

8. 本地实施政府购买中小学生课外锻炼服务情况

A 全面实施　　B 部分地区实施　　C 个别地方实施　　D 未实施

E 不清楚

9. 所在学校实施政府购买中小学生课外锻炼服务情况

A 已实施　　　B 未实施　　　　　C 即将实施　　　　D 不清楚

10. 你是否支持学校实施政府购买中小学生课外锻炼服务

A 是（请跳至第三部分）　　　　B 否　　　　C 说不准（请跳至第三部分）

如果"否"，你不支持学校实施政府购买中小学生课外锻炼服务的原因是（可多选）

A 怕耽误学习　B 怕教得不好　　C 怕受累　　　　　D 怕受伤

E 怕收费　　　F 怕回家太晚　　G 怕耽误其他学习任务

H 没兴趣　　　I 怕学得不好　　J 不太了解此事　　K 怕老师不支持

L 怕家长不支持　　M 其他　　　N 不清楚

第三部分：对政府购买中小学生课外锻炼服务的建议和希望

1. 建议政府购买中小学生课外锻炼服务的内容（可多选）

A 足球　　　　B 篮球　　　　　C 排球　　　　　D 田径

E 游泳　　　　F 体操　　　　　G 武术　　　　　H 乒乓球

I 羽毛球　　　J 网球　　　　　K 健美操　　　　L 滑冰

M 娱乐游戏　　N 拓展训练　　　O 舞蹈　　　　　P 其他

Q 不清楚

2. 建议政府购买中小学生课外锻炼服务的时间（可多选）

A 大课间　　　B 下午课后　　　C 周末　　　　　　D 节假日

E 其他　　　　F 不清楚

3. 建议政府购买中小学生课外锻炼服务的形式（可多选）

A 组织比赛　　B 课程授课　　　C 运动训练　　　　D 素质拓展

E 社团活动　　F 其他　　　　　G 不清楚

4. 你对政府购买中小学生课外锻炼服务的希望和要求（可多选）

A 学校支持　　B 家长支持　　　C 老师支持　　　　D 同学支持

E 配备好的教练　　　　　　　　F 改善锻炼场地设施

G 提高安全性　H 增加趣味性　 I 希望多安排　　　 J 希望多投入

K 希望多宣传　L 其他

后　记

　　近几年来，国内关于政府购买体育服务的理论与实践不断推进，不断增强着个人当初申报这一领域选题的信心。时至今日，关于政府购买服务的相关表述不断出现在各级各类政策文件中，无论是党和国家重要政策文件，如中共中央、国务院《关于深化教育教学改革全面提高义务教育质量的意见》，《关于促进全民健身和体育消费推动体育产业高质量发展的意见》，还是国务院部门规章，如《青少年体育活动促进计划》，以及国务院相关部委的规范性文件，如《关于加强竞技体育后备人才培养工作的指导意见》《全国青少年校园足球改革试验区基本要求（试行)》《全国青少年校园足球试点县（区）基本要求（试行)》，都在相应位置对政府购买服务这一问题给予了充分要求与重视。本书在编写过程中不断学习积累，最终形成一些粗浅认识以供抛砖引玉之用。

　　天津体育学院研究生李冠男、彭显明在本书资料收集、数据整理等方面提供了很大帮助。在本书写作过程中，得到国内诸多专家学者的指导支持，也参考了国内同行大量学术成果，在此一并致谢！

　　限于本人认识水平，书中观点、文字等难免存有疏漏，敬请广大同人批评指正！

　　是为记。

本书著者

2020 年 9 月 10 日